植根中国企业、服务中国企业
与中国企业家共成长

华夏智库
金牌培训师书系

大师智慧·原创经管

我的第一本高效学习书

9
华夏智库
金牌培训师
书系

超脑力
高效学习法

LEARN SUPER BRAIN INTERNATIONAL

谢华◎著

中国物资出版社

图书在版编目（CIP）数据

我的第一本高效学习书：超脑力高效学习法 / 谢华著．—北京：中国物资出版社，2012.1（2013.12 重印）

（华夏智库·金牌培训师书系）

ISBN 978-7-5047-4056-4

Ⅰ.①我…　Ⅱ.①谢…　Ⅲ.①学习方法　Ⅳ.①G791

中国版本图书馆 CIP 数据核字（2011）第 238188 号

策划编辑　黄　华　　**责任印制**　方朋远

责任编辑　卢海坤　　**责任校对**　孙会香　饶莉莉

出版发行　中国物资出版社

社　　址　北京市丰台区南四环西路 188 号 5 区 20 楼　　**邮政编码**　100070

电　　话　010-52227568（发行部）　　010-52227588 转 307（总编室）

010-68589540（读者服务部）　　010-52227588 转 305（质检部）

网　　址　http：//www.clph.cn

经　　销　新华书店

印　　刷　北京京都六环印刷厂

书　　号　ISBN 978-7-5047-4056-4/G·0538

开　　本　710mm×1000mm　1/16　　**版　　次**　2012 年 1 月第 1 版

印　　张　16　　**印　　次**　2013 年 12 月第 2 次印刷

字　　数　221 千字　　**定　　价**　29.80 元

《华夏智库·金牌培训师书系》编委会

推 荐 序

著名思想家洛扎诺夫说："人类大脑能存储数量庞大的信息，比如一件衣服上有多少纽扣、一段楼梯有多少台阶、窗上有多少玻璃、去汽车站得走多少步等。这些'不为人所知晓的洞察力'显示出潜意识有着惊人的能力。"

科学家发现，人类大脑中仿佛有一架天然的摄像机，一切信息都被完美、准确地记录下来，并在脑海中得以再现。我们所要做的就是将脑力充分解放出来，摆脱分散注意力以及妨碍大脑充分发挥功能的因素。这样大脑就会像海绵一样吸收、保存大量的信息。而且，大脑的潜能没有极限或终端，一旦掌握了超级学习能力的秘密，人就似乎拥有无限的记忆力。而这种能力实际上并没有什么，只不过是人类本身所具有的潜能。那么，我们怎样才能卓有成效地激发出大脑的巨大潜能呢？

据笔者所知，中国台湾著名的超脑力训练创始人谢华老师根据美国FBI情报人员训练超强记忆能力所采用的科学技术体系而独创的"超脑力高效学习法"，在整个华人世界的教学实践中取得了卓著的成果，充分证明了这套学习与记忆的方法是行之有效的，可以快速将你的学习和工作效率提高三倍以上！

在生活中，我们时常会疑惑：为什么有些人"悬梁刺股"、彻夜苦读，却不能保证背诵过的东西第二天还能够记得住，有些人却能在极短的时间内记忆大量的资料、极长的数字、极多的语言词汇，而且不因时间的流逝而遗忘？为什么记忆的速度、质量、记忆时间的长短，在同样的人类大脑中会有如此不同的表现？

其实，这一切的区别只在于记忆力超强的人必定是懂得运用记忆原理、善于掌控大脑记忆规律的人；而那些记忆力不好，或者对智力、记忆力减退的事实毫无对策的人，通常是对大脑的操作机制和记忆的原理没有正确的概念，对自己大脑的认知也相对贫乏，因而忽略了记忆能力的训练与开发。

在世界各地的教育、医学、心理学等研究领域里，都曾发现过记忆力超强的人士，但是在每个个案中，也都发现他们的大脑与常人无异，只是他们中有些可能在很小的时候偶然学会了运用记忆作用的原理，而这些原理已成为他们的本能之一；另外一些人则是经过潜能开发与超脑力训练而打造出了远胜于常人的超强记忆力。

英国思维导图（Mind Map）的发明者托尼·布赞（Tony Buzan）创办了“世界记忆冠军协会”，从 20 世纪 90 年代初期开始举办记忆冠军赛。有一届的学生组冠军詹姆士·朗渥斯，他能在一分半钟内记住整副扑克牌按顺序出现的花色与点数，甚至连这副扑克牌缺了哪几张牌都一清二楚；他还可以在一分钟内记住长达 100 个数字，创下学生组最高的世界纪录。

澳洲悉尼比佛利中学有些学生接受了特殊的训练：强化记忆力，以惊人的速度学习法语。他们能够在 8 个星期内学会别人需要三年学习的课程。在很短的时间里，他们就能开口说出流利的法语，并和来自法国的专家进行法语对话，其记忆力与学习力令人惊讶万分。

著名的美国得州大学和纽约大学外语教授史密特博士以其独特的教学方法，使学生们能够在第一堂课用三个半小时就记住 400 个法语单词，而且第三天的课堂结束时，即能够以法语交谈。而使用传统学习法的学生，一天最多能记 25 个单词，到了第二天还能够记住 15 个就“谢天谢地”了。

国外相关的研究机构有诸多关于增强脑力的方法，但是国外的教学法却因其缺乏相同的文化背景而难以让国人完整地学习和吸收，学习效果也有限。所幸的是，超脑力高效学习法的创始人谢华老师通过不断地改进，在多年以中国文化为背景的教学实践中取得了巨大的成功，他发明的超脑力高效学习法在众多学员中引起了热烈反响并得到了积极肯定。

中华讲师网创始人　翁建江

2011 年 9 月

我的第一本高效学习书 超脑力高效学习法

CONTENTS

【目录】

第一章
超脑力高效学习法

21 世纪，人类进入一个崭新的时代，以知识经济为主的社会经济模式展现在人们面前，人们需要更快、更多、更牢固的学习，掌握各类知识。人们对时间、对知识的渴望从来没有像今天这样迫切过。时间就是金钱！知识就是财富！知识成就未来，学习改变人生！而缩短学习时间最快捷的方式，就是要掌握快速记忆的方法、寻找高效的学习方法！在短时间内记忆、掌握大量内容，达到最高的学习效率！古今中外，凡在社会各个领域中有所建树的人，大都具有很强的记忆力！

一、你还在痛苦的深渊中挣扎吗

世界记忆锦标赛发起人托尼·布赞曾经说过："在学校，我们花数千个小时学习数学、学习语言和文学、学习地理和历史，然而我们是否问过自己，我们花了多少小时学习记忆，又是如何进行的；学习眼睛是如何起作用的；学习应该怎样学习；学习我们的大脑是怎样工作的。答案是完全没有。"

曾几何时，我们的学生朋友面对繁重的学习科目、堆积如山的学习资料，在传统的学习方式下，他们大都会从书的第一章很仔细地背到最后一章，甚至是从学习资料的第一行读到最后一行。与中国古代书生"悬梁刺股""两耳不闻窗外事，一心只读圣贤书"的情形相比，简直是有过之而无不及。

这种读书的精神是可嘉的，然而效果却不容乐观。或许你曾有过这样的切身感受，当你在背一篇优美的古文时，先认真地背完第一段，当你背第二段的时候，第一段又模糊了，你又不得不从第一段开始。按照这种方法背下去，当你背完最后一段时，突然发现前面的都忘得差不多了。还有，对你平时很熟悉的文言名句，可能在考试的时候就是记不起来其中的上句或者是下句！在决定你人生命运的大型考试中，很可能就是因为这小小的名句而使你以一分之差名落孙山！如果是那样的话，你一定会抱憾终生的！

或许你还曾有这样的遭遇，前一天晚上你花了几个小时背会了数学定理公式，但在第二天的课堂上老师提问的时候，由于你的一时紧张而感觉突然忘记了。无可奈何的你只好面红耳赤的低着头说："老师，对不起，我不知道!"这时，即使有满肚子委屈，你也只能怪自己的脑子不争气。怎么就记不住呢?

还有那多如牛毛的物理定律，你平时学习了多少遍连你自己都记不清楚了。然而，有一天当你做物理考卷的时候，你发现那些你曾经很熟悉的定律好像突然间从你的大脑里"蒸发"了一样。"横眉冷对"考试卷的你一时"怒发冲冠"，拿起试卷交给了监考官，挥挥手告别你同考室的"难友"。这时间的你即便再坐回考场里也无力回天，因为连物理定律公式都忘了，你怎么考?

同样令你不知所措的还有那些难记的重大历史事件的发生时间，而这正是你们亲爱的历史老师比较青睐的考题。

然而，最令你痛苦不堪的还是"想说爱你不容易"的英语单词，学习英语的朋友都知道记单词是学英语的基础，也是学英语的第一步。然而，很多想学好英语的朋友往往被这个"拦路虎"给吓倒了！很多志向远大的朋友还会去花大量的时间背诵单词字典，反复地记、反复地背，然而令人哭笑不得的是当你拿到英语试卷时，很多单词还是它认识你而你却不认识它。最令你气愤的是，很多英语单词你甚至清楚地记得背过很多次，感觉很熟悉，但就是不知道它的中文意思。此时的你也只能仰天长叹!

在日常生活和工作中，我们也时常痛饮因记忆力不好而酿造的苦酒!

或许今天上班的时候，你的老板交代过你很重要的五件事，你在下班前非常出色地完成了其中的三件，另外两件不是你完成不了，只是你忘记了！你很可能会因此而失去一次难得的晋升机会。又比如，出了门的你通常不小心把你的钥匙忘在了客厅里；到朋友家拜访时还经常会把你的雨伞留在朋友家里，直到你要用到它的时候才想起来；有一天你的电话簿不小心遗失了，由于上面记录着很多重要客户的联系方式，你很可能因此损失大量的财富。那时你会想：要是当初我把那些电话号码复制到自己的脑子里多好、多保险啊！用我们赵本山大叔的话说就是：悲哀！真是悲哀！

除此之外，你还很可能在大型场合发表演讲时由于一时紧张而忘了词，因为这个失误而使你大失颜面；因为忘记了女朋友的生日而断送一段美好的姻缘；或者忘记一些重要的纪念日，因此“大意而失荆州”！

以上所有痛苦的根源都是因为你的记忆力不好！

二、从此进入记忆的天堂

人的身体素质可以通过锻炼得到提高，同样，记忆力也可以通过训练而得到加强。对那些记忆力惊人的人，我们通常会认为他们生来就具有这方面的天赋，其实事实并非如此，我要告诉你：没有记忆力不好的人，只有没有经过记忆训练的人！

如果我们仔细观察那些记忆力好的人，就会发现他们并不是本身就具备这方面的素质，而是通过后天的训练把握了记忆的秘诀。大量的事实告诉我们，掌握了记忆的要诀是可以获得良好的记忆力的。那么，如何才能掌握记忆的要诀呢？关键是要懂得记忆的方法和技巧！

大脑是一个复杂的有机体，而记忆是使这个有机体得以保持旺盛能量的原动力。我们可以毫不夸张地说，一个人记忆力的强弱直接决定了他的学习和各种工作效率，甚至会影响他将来事业的成功。

无论是面临考试与升学的莘莘学子，还是已经踏入社会，想通过学习、充电而不断提升自身素质的上班族，他们在学习的过程中，都在不断地探寻一条高效之路。困扰他们的主要问题就是如何使所学的知识长久并牢固地保留在大脑中，最为重要的是，在需要时可以顺利地提取。

在此我要告诉你，当你掌握了超脑力的高效学习法后，以上的一切问题都可以轻轻松松地解决。通过超脑力的高效学习，你便可以掌握一套终生受用的快速记忆方法和高效的学习方法！你不仅可以成为记忆大师，还可以成为学习中的佼佼者。

超脑力高效学习法是时代的产物，是顺应知识经济时代的要求而产生的。21 世纪，人类进入一个崭新的时代，以知识经济为主的社会经济模式展现在人们面前，人们需要更快、更多、更牢固的学习、掌握各类知识。人们对时间和知识的渴望从来没有像今天这样迫切过。时间就是金钱！知识就是财富！知识成就未来，学习改变人生！这些道理在时代的大背景下显得更加重要！谁能在最短时间内掌握一种知识或技能，谁就会成为新世纪社会的排头兵！而缩短学习时间最快捷的方式，就是要掌握快速记忆的秘诀、寻找高效的学习方法，从而缩短记忆时间，在短时间内记忆、掌握大量内容，达到最高的学习效率！

古今中外，但凡在社会各个领域中有所建树的人，都具有很强的记忆力。可以说要想成就一番事业，如果没有良好的记忆力和学习力做保证是很难的。尤其是处于现今的“信息大爆炸”时代，要想不被社会淘汰，就得不断学习，正如有人倡导的终身学习一样。而面对那么多需要记忆的资料，若采用陈旧枯燥、死记硬背的笨方法，很难想象何时才能达到既定的目标！除非有坚强的毅力作保证，否则大多会半途而废！不掌握科学、快速的记忆方法，费时费力的“老牛拉破车”的学习速度和传统的学习方法怎能跟上信息时代的步伐？

随着各类成人考试、职称考试的增多，现代人几乎一夜间扎进了书山题海里，需要记忆的资料没完没了。在校学生感到学习紧张、压力大；已参加工作的要静下心来学习更是难上加难，他们既要工作又要照顾家庭，因此等到能抽出时间看书的时候不是犯困，就是感到腰酸背疼，只想躺下来小憩一下。所以要拿下个职称、学历证书得付出多大的代价啊！

很多人已意识到了要学习、要“充电”，但能意识到应先掌握一套快速记忆方法和高效学习方法的人却并不多。这一方面与缺乏好的相关教材有关，另一方面也与人的意识有关。正所谓“工欲善其事，必先利其器”“磨刀不误砍柴工”，掌握了快速记忆的方法，记忆任何资料都会事半功倍！学习将更加轻松！

超脑力高效学习法是一项很专业的科学技术。通过这项技术的训练，可以让我们看到什么、听到什么就能迅速记住，记住就不会忘记；还能够有效地掌握和学习数据的存取能力并加以运用，让学习达到最高效率。超脑力高效学习法能使大家在轻松愉悦的心态下快速掌握学习的内容，彻底消除对“背”功的恐惧感，制伏这个学习、记忆中的“拦路虎”！

三、轻松一下来感受

1. 在快乐中记忆

学习对大多数人来说是件苦差。有时眼睛盯着书，思绪却不知不觉地远走高飞了，很多情况下是在临考前才开始卖力地“磨枪”。的确，若不掌握科学的记忆方法和规律，记资料时往往就是“掰一棒丢一棒”，刚看完不久的东西眨眼就忘，令人气馁。因此便产生这样的念头：反正现在背完也忘，还不如临考前再背。持这种心态的大有人在。现在有了超脑力高效学习中的超强记忆法，它所运用的记忆方法要生动、轻松、有趣得多！你往往是在轻松愉快的状态下不知不觉地就记住了所要记的资料，并能保持很长时间！超强记忆法是你考场作战胜利的根本保证，这一点在你学习并掌握了后面的具体方法后，就会有深切体验的。

2. 记忆使你更自信

高效学习中的超强记忆法把艰辛枯燥的记忆变成了一项简单轻松的工作，让你有如释重负之感，再次面对书本时往往会从心底升起一股自信，昔日的负担一下变成了快乐与放松！掌握了超强记忆法后，朋友聚会时给大家来个即兴表演，当你一口气记住几十甚至上百项内容并能倒背如流时，从大家钦佩的掌声中，你的个人魅力无形中又得到了提升。更重要的是，高效学习法从此会始终在你的生活学习中关心、支持你，为你的人生喝彩加油！你从此将会满怀信心地去迎接人生的挑战！

3. 步步为营，三分归一

“超脑力高效学习法”共分为初、中、高三个阶段，课程内容包括超强记忆训练、心智绘图训练和优势脑波训练。

“超强记忆训练”来自美国用于训练 FBI 情报人员窃取情报所用的超强记忆能力的科学技术。通过这套课程的训练，我们可以做到看到什么、听到什么就记住，并且记住了就不会忘记，可以节省大量的学习时间，让学习达到最高效率。

“心智绘图训练”提供了一个有效的学习工具，运用图文并重的技巧开启人类大脑的无限潜能。此课程现在被全球数百万的学生以及上班族广泛应用于工作、学习以及生活中，成为国际公认的有效学习方法。

心智绘图能够帮助你以 360°的方式思考问题，增加思考的关联性、弹性及灵活度，整合混乱的思维。使用心智绘图记忆长篇资料、文章或书本都相当有效，可以在很短的时间内快速掌握主要的内容；使用心智绘图还可以帮助我们写文章、做人生规划、工作计划以及高效率地做笔记和达成团队沟通、协调能力等。

“优势脑波训练”是笔者专门研发出的一套开发潜意识、调整脑波频率的课程。根据人脑科学家的研究发现，当我们的脑波处于“α”波时，人的意识是清醒的，但身体却是放松的，它提供意识与潜意识之间的桥梁。由于在这种状态下，身心能量耗费最少，相对地，脑部所获得的能量较高，运作就会更加快速、顺畅，表现为灵感丰富，直觉敏锐，头脑活跃，所以我们称“α”波为优势脑波。训练优势脑波可以让我们快速放松、消除紧张和压力、改善失眠、调整大脑的含氧量，也可以让我们快速集中注意力、稳定情绪和消除疲劳等。

四、带你进入全新的视野

1. 走出思维的“黑匣子”

高效学习法是建立在一个全新的思维模式的基础上的，这就要求学员们首先必须摒弃传统的思维习惯，充分地激活右脑、开发右脑，发挥创造性思维。

2. 联想是你的基本功

由于高效学习法中的超强记忆法所传授的方法大多都是要在所需记忆的内容之间进行联想，所以要求学员们除了在课程学习的现场配合老师练习外，还要在课外抓紧一切时间进行联想的训练。比如，利用上下班、乘车、走路等的时间将所看、所想到的事物进行一对一的、基础性的联想和想象训练，只有经过了联想这一基本功训练才能快速收效。

3. 我们的字典中没有“退缩”

当你按照超强记忆法的指引不断取得进步的时候，有一天你也许会突然感到学习、掌握超级记忆法并不轻松，特别是在联想训练的过程中有时会有“绞尽脑汁”却联想不好的感觉。这时你千万不可以放弃，如果放弃了你可能永远不会成功！“冰冻三尺非一日之寒”！须知任何一门技术都是要下工夫去学习的！初期的联想是会有一些困难的，但只要你坚持一段时间就会感到越来越轻松，以至很多联想瞬间就可顺利完成，不像以前那么费劲了。当你取得了一个又一个胜利的时候，自信又会重新回到你的身边，并且会激励你一直努力下去。你要做的就是严格执行你的计划，马上行动、永不放弃！

4. 没有“用”，所以“没有用”

当你学完超脑力高效学习法的课程后，要马上应用于实际。在日常学习、生活中有意识地运用这项技术去处理各种问题，通过一个个小小的成功与喜悦的积累，使高效学习法在你的生活中生根、发芽、开花、结果。笔者要再次提醒你的是：一定要多用！还要记住一句话：因为你没有去“用”，所以你才会感觉“没有用”！

5. 向别人展示你的成绩

经过超强记忆法的学习，你的记忆力会有很大程度的提高，一次记忆上百项内容应该是不成问题的。有了这样的成绩后你完全可以出去表演了！实践证明，向别人展示的次数越多，你的信心就越强，因此你的记忆速度就越快！“教学相长”的道理会在你身上得到充分地体现！但演示绝不是炫耀，要把握分寸，喜悦与大家分享，成功在快乐中建树！

6. 自我激励和暗示的体验

拿破仑·希尔被称为“百万富翁的缔造者”，其倡导的成功学使许许多多的人走向成功。其内容便是讲如何用积极、正确的心态来不断地激励自己迈向成功的。实践证实，积极的自我暗示是成功的“催化剂”，经常进行自我成功激励能培养积极、坚定的自信心，这样才能克服一切困难与险阻，顺利到达成功的彼岸。大家可反复阅读下面的激励话语。

①我坚信选择超级记忆法是正确的！

②我坚信超级记忆法会让我受益终生！

③我深信我能掌握超级记忆法！

④困难险阻越大，就越是快要到达光辉的顶点！

⑤有多少付出，就有多少收获！只有付出才会杰出！

⑥马上行动，永不放弃！

你也可以自己编写激励话语贴在床头，每天早上醒来看到它就会充满动力，想要全力以赴地实现心中的梦想。

其实，成功并非遥不可及，选定目标，锲而不舍，成功就在不久的将来。

第二章 挖掘你的大脑宝藏

人脑是世界上最复杂的东西之一，脑功能始终是一个引人入胜的谜团，人类在不懈地探索脑的奥秘。人脑是大自然最复杂、最杰出的创造，是人类智慧的源泉，它接收外界信号、产生感觉、形成意识、进行逻辑思维、发出指令产生行为，形成了四大基本功能，即感觉、运动、调节（适应）和高级功能。其中高级功能是指认知、注意、学习、记忆、语言、思维等。从信息理论上讲，人类大脑可存储的信息相当于藏书1000万册的美国国会图书馆的50倍，大脑神经功能细胞之间每秒可完成1000万次的链接。大脑如此重要和神奇，因此揭示脑的奥秘成了现代科学面临的最大挑战。可以说，这是人类认识的最后疆域。近年来，脑科学的巨大进展充分体现了面临挑战的脑科学家已经取得的成功，这又进一步增强了他们对未来的信心。脑科学家们相信，人类能够了解脑。而且，他们眼下正干得很好！对脑和脑的活动的了解比以往任何时候都要深刻，并且还在与日俱增。当然，对于脑的复杂高级功能的了解还停留在初始期并有待突破。接下来，阐明神经活动的基本过程、认识实现各种功能的神经回路基础、揭示脑的高级功能机制、阐明神经系统疾患、从病因和机制去探索新的治疗手段、为人工智能提供启示等，都将是对大脑进行研究即脑科学研究的主要目标。

一、研究大脑的密码

1. 认识两个半球

（1）*左右有别*

人的大脑分为左脑和右脑两个半球，它们的功能是不同的。左脑是现代人类成为地球上成功种族的背后功臣，它主要负责的是学习方面的能力，例如语言、数学运算、逻辑思考、排序分析、设计复杂的计划且能执行等。左脑的工作方式是直线式的，可以说是从局部到整体的累积式，它的工作性质是理性的、逻辑的。同时，左脑追求记忆和理解，它的学习方法是通过学习一个个的语法知识来学习语言，正因为如此，通常左脑被称为“语言脑”；而右脑则着重于创造的能力，例如音乐、节奏感、绘图、视觉印象、色彩、空间感等。它的工作性质是感性的、直观的。右脑的工作方式则是从整体到局部的并列式，右脑具有左脑所没有的快速大量记忆机能和快速自动处理机能，后一种机能使右脑能够超快速处理所获得的信息，因而右脑被称为“图像脑”。

（2）*分分合合*

虽然左右脑各司其职，但一切的思考活动都会牵动两者。当人在学习时，左脑发达者倾向于慢慢地累积他的信息库，我们称这种人为“线形”学习者；右脑发达者则倾向于从宏观的角度来把握问题，他们必须看到全部才能对它产生概念，我们称这种人为“球形”学习者。

当我们用眼睛辨认物品时，不是像电视映像管那样自上而下一线一线地扫描，而是利用右脑处理图像的能力，在一瞬间就将整个物品的形象摄取下来。当在听人说话时，一边用左脑接收说话者的语言信息，一边用右脑观察说话者的表情、四周的环境。当你在听歌的时候，左脑负责理解歌词的内容，右脑则感受歌曲的旋律。此外，头脑中的边缘系统（控制情绪的部位）也会投入配合。所以说对于任何一项个人活动，整个大脑的每一个部分都会积极地参与运作。

上述结论可以用一个很形象的比喻来说明：左右两个脑半球就像是一对结婚多年的夫妻，长久以来各自完成自己的任务。能言善道的一方主要负责发号施令，使每天的工作都能顺利完成，比如说：思考、交流、计算等外界事务；而另一方则屈居幕后，默默地做自己分内的工作，不断用他的特长侦察社会环境中是否有影响到他们权益的威胁。由于双方沟通良好，彼此都清楚对方在忙些什么，所以，任何工作在他们的全力合作下都能圆满地完成。同样，就像多年恩爱的夫妻也会有磕磕碰碰一样，偶尔左右两个脑半球也会有沟通不顺畅的时候，主控的一方会忽略“配偶”的意见，独自将自己的想法付诸实践，造成“家庭纠纷”，情绪纷涌却又说不出所以然来。有时安静的一方也会绕过“配偶”的控制，独自作出行动。例如，有时候你会说“哦，我不是故意的，只是我没有办法控制住自己而已”。我们都经历过这种微妙的情况，如不小心说出很奇怪的话；有某种感觉却表达不出来究竟是什么；还有硬把一样东西看成是另一样东西；检查了几次还是看不出错误等。我们习惯上，都会把这些情况看成是内在冲突，但实际上却是由于大脑左右半球在信息的交换上出了问题。

有些时候我们会被自己的情绪所左右，其实是因为我们的左脑在偷懒，所以没有产生足够的抑制力去管束我们阴晴不定的右脑。因此，当我们的左脑去做一些较擅长的事情的时候，比如阅读、聊天或者是计算等，都可能使我们从情绪低落或是焦虑中走出来。同样，当你感到悲伤时，全身心地投入工作也是让你的右脑不陷于情绪化的好方法。

其实，通过我们对艺术的反应就可以看出我们人类大脑左右分离的现象。当你看到喜欢的画和艺术品时，你会觉得很喜欢，但是却很难说出到底是为什么。因为这时你就是在用你的右脑欣赏这幅艺术作品，而没有用左脑去进行逻辑思考。再比如，有很多广告设计就是恰当地运用了我们左右脑的这个特点，使用大幅的视觉影像而不运用文字，其实就是要在第一时间里冲击我们的右脑而让我们的左脑来不及进行逻辑思考。因为广告的目的就是要我们在冲动之下购买商品、达成交易，要在第一时间激发我们消费者的购买欲望，而不是让我们理性地去分析某件商品是否需要购买。

随着社会的进步和发展，人们越来越重视教育。传统的教育是通过“填鸭式”地满堂灌的方式来训练学生理性的思维，如语文、数学、英语等学科，这些学科知识都是由左脑来负责的。而那些能激发人的创造力的，例如音乐、美术等相关学科大都被沦为副科，每个星期也只有少数的几堂课而已。所以在我们的幼年时期，左脑有较多的机会得到锻炼，而我们的右脑却渐渐萎缩，很少有机会发挥它的功能。实际上，我们的思维在幼年时期都更趋向为直觉化，非常有创造力，并且想象力也非常丰富，但是这些天赋和灵性却在传统教育中被扼杀了，以致我们成年后大都偏向于用左脑来思考。

这样一来，左脑由于大幅度的透支就会过度损耗，造成了学生在学习时注意力不集中等问题，甚至产生了厌学情绪。科学家断定，如果两个半脑之间功能发挥不平衡，还会引起精神的高度紧张。此外，由于灌输太多的知识使学生也变得麻木，孩子们幼年时期的求知欲和好奇心也就失去了，以后就很难再恢复，这样非常不利于他们的健康成长。

当然，我们也不能低估左脑的作用。如果没有左脑的理性思维，现在的科学成果也不可能给我们的生活带来如此大的改变，我们可能还像远古的祖先一样拿着火把在狩猎。因此，我们的最终目标是要通过训练使我们的左右脑达到和谐及平衡的状态。

由此，我们可以发现，如果能通过有效的训练，使我们的左右脑很好地分工配合，让左右脑扮好它们的角色，各司其职，这样就会使我们的大脑发挥更大潜能。而且事实也证明，左右脑之间活动的平衡会给人带来更大的满足感和内心的平和。

2. 你在错误地使用大脑吗?

人类大脑的一部分组织能够增强记忆，如果我们能够知道增强记忆的方法并用到实践中去，大脑将变得更灵活，潜能将不断得到开发。这样，孩子们就可以通过提高记忆力来提升能力，而老年人则降低了患痴呆症的危险，并能够长期保持头脑的敏捷。

那么，到底是哪些组织能够增强记忆力呢？人类的大脑分为上下两部分，上面一部分由表层意识（意识）控制，下面一部分由深层意识（潜意识）控制，这两种意识的工作内容完全不同。人们通常使用外部的表层意识，不大使用深层意识，但是出色的记忆力其实存在于我们的深层意识中。前面提到，人类的大脑分为左右两个半球，表层意识就位于左半球，深层意识位于右半球。

通常我们都认为通过理解达到背诵的目的是很重要的，然而理解这一行为只动用了我们的表层大脑。大量、反复地朗读和背诵可以帮助我们打开大脑，完成由表层脑到深层脑的记忆回路，记忆的能力因此得以改善。浅层记忆发生在表层大脑中，很快就会消失得无影无踪。通过大量、反复的朗读和背诵，我们就能够打开深层记忆回路，大脑的素质会得到提高。深层记忆回路是和右脑连接在一起的，一旦打开了这个回路，它就会和右脑的记忆回路连接起来，形成一种“优质”的记忆回路。

左脑的记忆回路是低速记忆，而右脑的记忆回路是高速记忆，两者完全不同。左脑记忆是一种“劣质记忆”，不管记住什么可能很快就忘记了。右脑记忆力则让人惊叹，它有“过目不忘”的能力。这两种记忆力的比值是1∶1000000，左脑记忆力实在是无法和右脑记忆力相比的。然而，虽然我们人类拥有这么神奇的右脑，但是很多人一生都是使用“劣质记忆”的左脑在工作，他们的右脑一直处在沉睡状态。所以说你可能一直在错误地使用大脑！

3. 打开你的超记忆回路

大脑有三层记忆回路：侧头叶记忆回路、“海马”记忆回路和超记忆回路。

记忆分为浅层记忆和深层记忆。人脑生理学中是这样讲的：浅层记忆发生在表层脑侧头叶中的语言区，深层记忆发生在大脑的深层部分——旧皮层中的“海马”。“海马”还被特别称为“记忆信息的管理塔”。它是记忆的中枢，负责收集各种信息，并把这些信息综合起来进行取舍选择。“海马”不是记忆的最终储藏所，因为记忆能够到达所有脑细胞的领域。但是确定无疑的是，从侧头叶到海马的这一段神经是记忆最重要的回路。

一般地，外界信息进入侧头叶，在这里进行判断、分类、记忆和再生，然后把最重要的信息传达到“海马”里。“海马”具有记忆、保持和再生的能力。它与侧头叶中的浅层记忆不同，是一种深层记忆，能够长期保持。如果信息反复、持续地进入大脑，那么这些信息就会越过侧头叶的记忆回路，直接传递到“海马”记忆回路中去。

除了我们常用的侧头叶记忆回路和海马记忆回路以外，其实还有一种记忆回路存在。如果能够打开这个回路，我们就能够很快记住只看过或听过一次的事物，而且无论何时都能通过回忆在脑子里再现，这种回路就叫做超记忆回路。

二、你的右脑很神奇

1. 神奇的“半个核桃”

经过人脑科学家的研究发现，右脑除了在音乐、节奏感、绘图、视觉印象、色彩、空间感等方面有很强的创造能力外，还具有一些抽象意念的能力，如爱情、美感和忠诚。但是右脑也比左脑显得情绪化，尤其右脑掌管恐惧、忧伤和哀悼的感觉，所以人们认为右脑也是悲观的脑。

正因为右脑是“图像脑”，所以我们的右脑能做许多左脑做不到的事情，例如右脑可以让我们重新辨认出一个人的面相，加强图像性的印象和确认一些相似的图片及模型。右脑有着巨大的潜能，一些艺术家、画家、造型师或者音乐家们都是利用右脑在创作及工作，他们有时候甚至会完全排除左脑的理性思维。对于作家来说，虽然左脑掌管语言，但是细腻的感受、优美的场景等都是由负责情感、想象力的右脑负责的。

直觉似乎也来源于我们的右脑。很多人可能都有这样的体验，有时候为了一道习题或一件苦恼的事情几天都找不到答案，但是某一天的某一时刻却突然觉得自己一下子找到了答案，这就是我们体会到的灵感。而且这种情况经常发生在我们清晨睡醒的时刻，这也表明了潜意识的参与作用，这种潜意识以梦的形式处理问题并且解决问题，这种直觉就常常以图像的形式出现在我们的脑海里，也说明了是右脑在发生作用。

右脑还对我们的人生有着非常重要的意义，这就表现在我们的记忆力上。事实证明，右脑的记忆能力是左脑的100万倍。例如，我们学习的知识都是以语言文字表达的，语言是由左脑负责的，而左脑又不担任记忆的职能，所以我们在学习其他国家语言的时候频频遭受挫折，因为语言是抽象的，存储起来很困难。但是如果你在看一个人的照片或者电影，那么因为你看到的都是图像，所以右脑很轻松地就将这些资料存储起来了，并且印象深刻，不容易忘记。因此，如果你将要学习的资料转换成对应的图像，那么它很容易就会被担任记忆职能的右脑所接收。语言也是这样，将你想要记忆的单词字母转化成图像，就会很轻松地被右脑所记忆。

左脑和右脑的记忆能力是1∶1000000，然而一般人却只会用左脑记忆！一般未接受过左右脑同步训练的人，都会偏重使用某一边的大脑。尤其在思考事情的时候，很难察觉到自己使用的到底是左脑还是右脑，所以在这里，我们也通过一个小小的测验，让你试试看自己是一个“左脑优势者”，还是“右脑优势者”。

在视线可及的墙上找一个定点，伸出你的左手用拇指对准那个点，然后闭上左眼，看看你的拇指跟那个点差多少？记得把手伸直，眼睛距离墙面一米以上。

通常你会发现，两眼同时睁开直视时，你的手指当然是对着那个点的。但当你闭右眼时，你的手指就会向右移动，而闭左眼时，手指还是在原来的地方。或者情况正好相反：闭左眼时手指往左移动，闭右眼时，手指却不动了。

如果你是第一种情形，会偏右，那么表示你是一个使用“左脑”比较多的人；而如果你是第二种情形，会偏左，表示你是“右脑使用者”。当然也有一些人两边都会移动，那么就代表他平常在思考的时候，左脑和右脑都在发挥作用。

来吧，你快试试看吧！

2. 打开“密码箱”

人脑科学家经过精心研究得出：右脑中存在心灵感应通道和想象通道。

大脑分为三层。人类大脑首先是由脑干部分（也叫“爬虫类的脑”）开始进化的。这一部分具有“心灵感应通道（Telepathy Channel）”，所以这部分的语言被称为“心灵感应语言（心灵互通的波动语言）”。爬虫类动物是指蛇和蜥蜴等动物。它们不像人类一样有语言能力，但是它们用自己的通信手段向同伴传达信息。这就是所谓的“心灵感应”，也叫做“波动语言”。

在“爬虫类的脑”发展的基础上，哺乳类动物的脑（即“哺乳类的脑”）得到发展。这类动物的脑中也有通信手段，能够记忆和思考，这个通信手段就是“想象”。想象荷尔蒙能够产生分子语言，分子语言也是语言的一种。例如，狗和猫等哺乳类动物虽然没有语言，但是它们能够交流，就是因为能够使用“心灵感应语言”和“想象语言”。

最外面的脑叫做“灵长类的脑”，这部分脑具有下位层脑的机能，在这一表层脑中几乎没有任何物质产生。当下位层脑打开通往右脑的通路，右脑开始工作起来时，就能够自由地运用心灵感应和想象了。

在右脑机能出现以前发挥作用的是下位层脑，它具有传递回路，也就是具有心灵感应通道和想象通道。这是因为在脑干（爬虫类的脑）的右半球中存在着一条粗传递回路，可以和旧皮层进行通信；而旧皮层（哺乳类的脑）的右半球中存在着一条细传递回路，可以和新皮层（灵长类的脑）进行通信。这就是为什么有些人具有特异功能、透视能力和预知能力的原因，他们的这两条回路已经打开，因而可以自由运用心灵感应通道和想象通道！而一般人的右脑“睡着”了，这两条回路没有开启，所以无法领悟到右脑的神奇能力！一定要明白这一点。

3. 记忆的“金钥匙”

右脑还具有一种想象机能，能够将收到的信息进行快速转换。右脑是通过图像进行思考的脑半球，所以在听到语言或文字资料后能够将它转化成图像，或者能够把图像变成语言。不止如此，右脑还具有如下功能：它能够把图像变成数字或把数字变成图像；能够瞬间把点的集合（点集）变成数字或把数字变成点的集合；能够把声音变成图像或乐谱；能够把声音变成颜色，把气味变成图像等。

我在这里不想就右脑的这些能力讲得太多，主要来讲一讲和记忆资料有关的右脑的能力，看看到底如何启用右脑这把记忆的“金钥匙”！为什么我们平常不能发挥出这样的能力呢？因为随着年龄的增长，我们渐渐不再使用“久违”的右脑，左脑占据绝对优势地位。并且左脑的长期使用会对右脑的功能产生抑制作用，所以我们在学习中一直没有使用右脑。然而右脑却是那么有本领，它能够大量快速记忆进入大脑的信息，同时能够快速地对这些信息进行自动处理。人们之所以能够学习语言，就是因为有右脑的快速大量记忆机能和快速自动处理机能的存在。儿童虽然不学习语法，却能够从他们听到的语言中发现规律，通过模仿说出话来，这也需要归功于右脑的记忆机能和自动处理机能。

成人难以学好外语就是因为右脑没有处于优势地位，而左脑长期居于主导地位。我们在日常生活中总是感到要记住资料信息等非常吃力，或者自叹自己的记忆力不如别人好，诸如此类，等等，归根结底就是因为我们习惯于用不承担记忆责任的左脑来记忆资料，而没有激活具有神奇的记忆功能的右脑，没有启用右脑这把记忆的“金钥匙”。

三、人脑其实超无敌

伟大的爱因斯坦曾经说过："人类最伟大的发现之一，就是对大脑无限潜能的认识，而人类在未来面临的最重要的问题就是对大脑潜能的充分开发。"

1. 超级司令部

(1) 一兆细胞

构成大脑的细胞是一个很奇妙的信号系统，从感官知觉到动作控制，从思想的激发到感觉的表达，其传递及存储信息的能力是我们所有心智活动的根本。这些细胞叫做神经细胞或神经元，大脑神经元数目越多，其学习的能力也就越强。有些无脊椎动物。例如，蜗牛有 2 万个神经元在大脑中，果蝇有 30 万个，而一个成年人则拥有将近一兆（即 10^{12}）脑细胞。人类在胚胎期一分钟能长出 25 万个神经元，这样的快速成长会一直持续到出生后的 20 周。到 3 岁时，婴儿的大脑就与成人大脑相当，不过到 18 岁以前仍会缓慢成长。成年后平均每个人的大脑重约 1.5 千克。每个神经元又有成千上万个用来连接其他神经元的神经突触，这些突触就是记忆的最基本单位。人脑至少有 100 兆个突触接点的存储能力。

神经元的信号通常是来自环境与我们身体所接收的信息，诸如皮肤的接触、味道、光或声音，但对神经元而言，这些信号是一模一样的。大脑接收神经信号所传递的信息不是由信号本身决定，而是由该信号在大脑中所走的通路来决定的。大脑依据某个特定神经通路来分析和解释它所接收的信息，所以它通常是一边在一条神经通路中处理视觉，一边在另一条神经通路中处理声音。例如，我们用眼睛看到一个人的脸而不是听到他的声音，就是因为视网膜中的神经细胞连到了大脑视觉系统中，这个神经通路就是用来处理和解释视觉的信息的。

每一个神经元由三个部分组成：细胞体、树突和轴突。细胞体向外延伸出两条长长的线，即树突和轴突。树突通常有许多的分支，专门接收外来的信号。轴突是神经元对外输出的路径，由于神经元的功能不同，轴突可以短到0.1毫米，也可以长到1米以上。轴突的末梢又分成很多细枝，每一个细枝都有特定的突触前末梢，这个突触前末梢与其他细胞特定的感受表面相接触，而这个表面通常在树突上。通过突触的接触，一个神经细胞可以将其活动信息传到其他的神经元或器官中去，如肌肉或腺体。

那么，信息又是如何在神经元中传递的呢？神经元通过全有或全无的动作电位（也可以看做是一种电流），将信息传到轴突及轴突末梢，轴突末梢再将信息传送至所连接的树突，如此一个接着一个传递出去。

大脑神经细胞之间的连接是非常精确的，某一个神经元永远是与另一个特定的神经元相连接的，并不会随便与其他神经元连接。但当我们学习或记忆时，神经细胞是会发生某些改变的。突触连接的强度不是固定的，而是极有弹性并且可以修改的。突触的强度可以用神经元的活动程度来修正，此即为突触的可塑性。“学习”就是利用这种可塑性造成突触连接强度长期的改变，它可以引发新的突触连接的生长。这种结构上的长期改变就是记忆的机制。

加州大学伯克利分校的神经科学学会会长卡拉·莎茨表示：“婴儿的头脑并不是成人头脑的缩小版，它是一个奇妙的学习机器。当你想到人脑细胞网络的情形，你就会惊叹我们真是生命的奇迹。”

加州大学伯克利分校的神经解剖学家玛丽安·戴蒙认为，人类的智能发展，所依赖的不只是天赋的遗传基因，而且还依赖人类成长过程中是否有积极的学习环境。

怀俄明州大学的幼儿神经生物学家哈利·朱卡尼说，“人生早期的经验是绝对重要的，它可以完全改变一个人的成长。”脑神经联系架构在5岁之前就形成了，此后终生都不大会改变。因此，正当“机会之窗”打开时，应该妥善把握这一机会。而当幼儿逐渐长大，他的“机会之窗”也就逐渐关闭。一旦关闭，就永远不再打开。

有些专家甚至认为，儿童上小学一年级时，他一生中最重要的学习时期已经过去了。《如何养育出更聪明的小孩》的作者琼安·贝克就认为：“孩子如果没在学前接受心智养成训练，那他入学后的表现将会较差，而长大后的成就将大打折扣。”诺贝尔奖得主、哈佛大学神经生物学家大卫·贺贝尔和他的瑞典研究伙伴托生·魏索教授，在他们的研究报告中很生动地说明了上述的观点。

这两个人长期研究视觉，在研究中他们发现，如果将猫的一只眼睛遮住，最终那只眼睛将会变瞎。因为在那只眼睛被遮住的时期，通往视觉皮质的神经线完全没生长的现象，最后导致永远失明。另外，用一只成年猫做同样的实验，视觉却没有遭到破坏。因此，他们获得一个明显的结论：从视网膜通往视觉皮质的神经线，只在幼年时期有一个短暂的成长机会。这个机会一旦错过，就永远失去了！

神经生物学家和其他领域的科学家仍在研究尽早让幼儿开始学习的意义。然而，“越早越好”是可以肯定的。杜克大学的达尔·波维教授说道：“神经网络并不是自动成长，而是在受到刺激时才形成的。”因此，不要仅把你的婴儿摆在传统的粉彩房间里。相反，应该在婴儿的床边和房间的墙上挂满卡片，这些卡片上有各种黑白图形和面孔。

莎朗·贝格尔说，婴儿刚出生时，他的头脑是一团混乱的脑神经细胞。这些脑神经细胞正待被织成一幅非常精巧的织锦画。

（2）四种脑波

大脑的神经元因活动而产生的动作电位（电流）即称为脑波。之所以称它为“波”，就是因为这种电位的摆动呈现在科学仪器上，看起来就像“波”在动一样。如用更简单的话解释脑波，可以说它是由脑细胞所产生的生物能源，或者是大脑细胞活动的节奏。

19世纪末，德国的生理学家汉斯柏格看到电鳗发出电气，认为人类身上必然有相同的现象，从而发现了人脑类电性的振动。后来，通过图表来捕捉脑波才证实了振动的存在。由于这和人类的意识活动有某种程度的对应，因而引起许多研究者的兴趣。

人脑以不同“频率”的脑波来传送信息，正如广播电台和电视台发送信息一样。就人脑而言，当思想、意念在心灵的迷宫中游走，它就会发出微量的电波。

由于电子科技的进步，脑波的周波数也可以用仪器测定。检测方法是，将电极黏附在头皮上，脑波就可以以每秒几周的方式记录下来。一般而言，脑波的周波频率变动很大，当你在清醒和熟睡时，脑波模式是截然不同的。国际脑波学会就根据不同的周波数，将其定以α、β、δ、θ之名。

①α波（Alpha wave）。

它的频率是8～14Hz（1秒内振动8～14次）。我们通常称α波为“优势脑波”，因为它提供了意识与潜意识的桥梁。在这种状态下，身心能量耗费最少，相对地脑部所获得的能量较高，动作就会更加快速、顺畅，灵感丰富，直觉敏锐，脑的活动更为活跃。现代科学积极倡导α波为人们学习与思考的最佳脑波状态，道理就在于此。

②β 波（Beta wave）。

它的频率是 14～38Hz。β 波为人类清醒时大部分的脑波状态。随着 β 波的增加，身体逐渐呈紧张状态，准备随时应对外部环境。大脑能量除了维持本身系统的运作外，尚须指挥对外防御系统，因而削减了体内免疫系统能力，在此状态下人的身心能量耗费较大，容易疲倦，若没有充分休息，非常容易堆积压力（这是现代人的通病）。然而，适量的 β 波，对注意力的提升以及认知行为的发展有着关键性的帮助。

③δ 波（Delta wave）。

它的频率是 0.5～3Hz。δ 波为优势脑波时，人处于深度熟睡、无意识状态。人的睡眠品质好坏与 δ 波有非常直接的关系。大脑进入 δ 波时是一种无梦且很深沉的睡眠状态，通常一个晚上正常的睡眠周期会出现四至五次，而在进入睡眠状态时第一个出现的是无梦的 δ 波状态，所以，如果在辗转难眠时，能让自己召唤出近似 δ 波边缘状态的身心感觉（当然要经过训练），您就可以很快地摆脱失眠并进入深沉睡眠，“睡美容觉”追求的就是这种时间短但深入的睡眠。此外，根据科学研究，δ 波亦是开发人类直觉雷达系统以及超能神秘力量的关键。

④θ 波（Theta wave）。

它的频率是 4～8Hz。θ 波为优势脑波时，人的意识中断，身体深度放松，这是一种高层次的精神状态，也就是我们常听到的“入定”。在这样的状态下，由于意识中断使得我们平常清醒时所具有的批判性或道德性的过滤机制被埋藏起来，因而大开“心灵之门”，对于外界的信息呈现高度的受暗示性状态（Hyper－suggestibility），这就是为什么人在被催眠时会容易接收外来的指令。此外，θ 波与脑部边缘系统有非常直接的关系，对于触发深层记忆、强化长期记忆等帮助极大，所以，科学界称 θ 波为“通往记忆与学习的闸门”。

综上所述，我们可以发现，α 波对于我们学习的效果有关键性的影响。美国的纽瓦克工科大学调查了曾在市场推出热门商品的企业负责人，并将其推出热门商品的来龙去脉做成报告。报告结果指出，开发出畅销产品的负责人大多数都在私底下借由生物体“自我控制法”或是“冥想法”来达到 α 波的强化，还经常参加传授强化 α 波方法的研讨会。

记忆是学习过程中非常重要的一个部分。每当 α 波在大脑呈现优势时，我们就可以积极地发挥大脑功能，整合对事物的记忆。在我们的“超脑力高效学习法”中，中阶课程“优势脑波训练”即是借由这样的自我控制法协助学习者自主召唤 α 波时的身心感觉，目的在于：

①开发潜在能力；

②提升记忆力并让你集中注意力；

③发挥灵感及创造力；

④增强身心健康、自然愈合力。

（3）五种感官

大脑是通过五官感觉与现实世界来进行互动的。我们的听觉受大脑掌控。每一边耳朵的听觉神经将所携带的声音信息带离耳朵之后，会分成两个不均等的部分。其中，信息比较多的路径通往这一只耳朵对面的皮质去，信息较少的则传到与耳朵同一边的大脑的皮质里，所以每一个耳朵所接收到的信息都会传到两个脑半球中去；左耳所接收到的信息大部分会传送到右脑中，右耳所接收到的信息则大部分传送到左脑里。

接着再来看视觉。造成视觉刺激的光线，经过“水晶体”折射成倒影落在视网膜上。在这里，感觉细胞将光波转换成电波来运送信息。两只眼睛的视神经在“视交叉”（optical chiasma）处相交，这个部位是解剖学上的一个主要“地标”。然后，视觉神经将信息送到“侧膝核”（lateral geniculate nucleus），侧膝核是视丘的一部分，接下来再将信息传送到大脑背后枕叶视觉区的 V1 区此区包含 V1、V2、V3、V4、MT 五区。视觉皮质分成许多区，每一区负责处理所看到东西的某个层面，如颜色、形状、大小等。

V1 区是外界的镜影，外在视野上的每一点都与 V1 区皮质的每一点相对应。当你凝视着一个简单的图案，如格子棋盘时，这个影像就会反映出相配对的大脑皮质神经活动。然而这个“地图”是扭曲的，因为对应到视野中心的神经元在皮质上占的空间比较大，所以通过 V1 区所显现的图像，像通过照相机鱼眼镜头看到的一样。视网膜的中央，即“中央小窝”（fovea），其神经比较密集，可以看到比较多的细节部分，所以眼睛在看东西时是跳动的，以便让东西落在中央小窝上，从而使你看得更清楚。眼球跳动是由大脑的注意力系统所启动的，不是由我们的主观意志所控制的。

然而，你并不是只通过眼睛才可以看见东西。盲人可以配戴一种仪器，将低层次的视觉影像转换成振动脉冲，靠触觉来读影像，这有点像“摸字”；摄影机装在受试者的眼睛旁边，传递脉冲到他们的背上，他们会感到麻痒，产生连续的感觉输入。病人的行为很快就会像可以看得见一样，他们不再感到麻痒，“视线”转而跟小摄影机一样；还有一种仪器配有可缩放焦距的镜头，当研究学者在没有预先警告的情况下启动放大镜头，使病人从背后接收到的影像突然放大，就好像你逼近去看这个世界一样，受试者会躲闪或举起手臂来保护他的头。

嗅觉跟其他的感觉不一样，它是直接送到边缘系统，这条通往大脑情绪中心的快速道路，会引起强烈的关于情绪的回忆。气味知觉的处理似乎跟嗅觉和味觉都不相同。有一项研究让学生在一个味道奇怪的房间内记忆一系列的字，后来测试时发现，有这个味道出现时，学生的记忆力增加了20%。而且，我们对一种气味的喜好决定于跟这种气味联结在一起的记忆。比如同样一种露天烧柴的气味，一个人闻了带给他快乐的回忆，因为他想起冬天烤肉及过年放鞭炮的情景，同时却使另一个人勾起夏日将尽的悲伤回忆。所以同样的气味，第一个人会喜好而第二个人却不会。脑造影扫描显示，喜好的气味会引发额叶掌管嗅觉区域的活性；厌恶的气味则引发“杏仁核”及脑岛（insula）的活性。

右额叶受伤会使一个饥饿的人变成疯狂的美食家。这一现象是由瑞士的研究者发现的，有两位病人在大脑受伤后，发展出强迫性的美食主义，食不厌精，即使倾家荡产也在所不惜。他们找了36位如上所述的美食家来做脑造影扫描，结果发现其中34位有右额叶的损伤。至于是什么机制引起病人对食物的新兴趣，目前还不清楚，仅知与额叶的血清素浓度有关。

触觉沿着好几条不同的路通往大脑。痛觉是由两种不同的神经传递，快的路径携带尖锐的刺痛，慢的则携带深沉的、烧灼的痛。刺激其中一种神经会阻断另一种神经的传达，因为这刺激会关掉脊椎上的“门”，这便是为什么揉捏伤处会使孩子觉得痛苦减轻了。“前扣带回”这个与情绪和注意力有关的地方是产生意识痛觉所必需的。鸦片型的止痛药，包括吗啡及可卡因，是最有效的止痛药，它们阻挡了大脑中脑啡的感受体，这是大脑自己产生的止痛剂，通常在有很痛的刺激时才会释放出来。鸦片也会降低“前扣带回”的活动。

“前扣带回”在疼痛上的重要性可以从脑造影中看出，当有新增血管疾病的人因心脏缺氧而引起胸口剧痛时，“前扣带回”是亮起来的。有些人则是只要心脏缺氧，“前扣带回”就立刻亮起来，造成意识的痛觉，警告病人立刻停止他正在做的事情，以减轻心脏负担。也有些人直到心脏严重缺氧，“前扣带回”才亮起来，这些人容易有突如其来的心脏病。

人类的大脑经常被比喻成计算机。熟悉计算机的人都知道，机器本身是“硬件”，输入内部的程序则称为“软件”。但其实以计算机来比喻人脑还是不够恰当的，生物学家、心理学家、进化学家、教育家和作家都想为人脑下一个定义，似乎唯有这样做，才不致对不起这个极端复杂的结构。但不论人们以如何巧妙的比喻来描述，你和历史上任何一位杰出的人物都可以当之无愧地说，自己的头脑比世界上最顶级的超级计算机都要复杂巧妙。

事实上，每个人的头脑大致上是平等的，都是由大约一千亿个细胞构成。你的头脑细胞数目，比起世界上最伟大的思想家、哲学家、科学家、探险家、领袖人物和诺贝尔奖得主，相差不会超过几百万个。

头脑细胞的数目多得令人咂舌，然而，重要的不是脑细胞数目的多少，而是脑细胞之间的联结数的多寡——每个脑细胞会因为五官的感受刺激而长出最多可达 2 万条的“细树枝”或“树突”。没有必要去细数脑细胞的天文数字，它们所代表的意义才是重点。这些数字告诉我们，人脑的能力是绝对惊人的，远超过世界上最精密、最聪明的计算机。人类的了解能力绝对不足以完全理解其惊人的潜力。

人类探索外层空间极限的同时，宇宙间最大的一片未被探索过的地方却在地球上——人类的头脑。斯坦福大学教授罗伯·奥斯坦曾戏称：“人类脑细胞间的树枝状联结数目，可能比整个宇宙的原子数量还要多。”如果我们能够发挥大脑天赋才能的 50%，则将能学习 40 种语言，记住大英百科全书的每页内容以及完成 36 个大学学士的必修课程了。

人类的知识正以惊人的速度不断扩张，过去十年当中，人类对人脑的认识比以前整个科学史上所认识的还要多。特别是近代科技上的惊人成就，使科学家得以一窥人脑的奥秘。通过一些非干涉的方法，如核磁共振技术或放射扫描技术，人类得以目睹人脑的活动。科学家已能“看见”人类思考和恐惧时脑内的反应，以及久藏的记忆如何被意识所唤出。同时，通过生物学的过程来解释人脑内部运作的理论诞生，使“认知科学”又向前跨了一大步。靠着人脑影像的科技，这些理论最终都可以获得印证。

然而，有一点是非常确定的：如果你要开发大脑的潜能，就必须每天锻炼，就像锻炼肌肉以保持结实的身体一般。伯克利大学的玛丽安·戴蒙和许多科学家的研究都显示，如果不锻炼“心灵肌肉”，它就会像缺乏运动的臂肌或腹肌那样松弛无力。

（4）神秘的“第六感”

我们的身体除了五种感官外，还会有一种感觉告诉我们四肢现在何处，身体的姿势及平衡感。这需要许多感觉的综合，例如，皮肤、肌肉和筋腱送上来的触觉和压觉，大脑的视觉和运动知觉，以及内耳的平衡资料，这些综合起来产生我们的“第六感”。它用了我们大脑的这么多地方，所以极少会完全失去这个感觉。但是，偶尔会有人在脑伤之后，失去他身体现在何处的感觉。也有些人在参禅打坐时会有灵肉分离，灵魂飘浮在空中往下俯视自己躯体的感觉。这种“灵魂出壳”的现象，可能是由于短暂性地失去了身体的“第六感”。

2. “冰山”底下的潜意识

（1）意识

什么是意识与潜意识？有一种解释的方法就是“冰山理论”：我们看到浮出水面的部分，只是冰山的顶部，只占10%；而90%在水下面的部分是我们所看不到的，也是造成沉船的主要原因。这就像我们的意识与潜意识，10%是意识，90%是潜意识。

要了解潜意识，必须先提到意识。要开发大脑的潜能，我们还必须非常清楚地了解大脑的意识与潜意识之间的关系。首先给大家介绍一下什么是意识。简单地说，意识就是我们在生活当中一切表现出来的行为举止，意识有能力分析事物、判断是非，它在我们心灵中限制我们并告诉我们什么是可能的。下面就来和大家仔细地谈一谈有关大脑的意识。

什么是意识？行为主义学家的观点垄断了美国心理学界的大半个世纪，他们从来不曾承认过有意识的存在。但是，现在行为主义学家所坚持的严格客观性已经被主观经验所取代了。这是世界上最好的科学家和哲学家正在研究的课题。

DNA结构的发现者之一克里克认为，意识的产生是因为大脑内不同部分的神经元同时进行的快速放电。神经学家德梅西奥则认为，思想不是纯粹逻辑性的——大脑不是靠使用逻辑定则，而是靠处理具有象征性的意向来工作的。在调节意识的神经会聚带内，迥异的意向被结合在一起，思想、记忆、经验和情绪相互冲突，引起我们及时的注意，这就形成了意识。同时他还指出，意识是来自大脑皮质的活动，尤其是额叶。你可能也问过自己这个问题：我是什么？什么是我？为什么会有我的这种感觉呢？这时，你可能也会和大多数人回答的一样，指着自己的鼻梁上端说："这就是我啊！"没错，你指的这个地方的后面就是前额叶，也是额叶中意识产生最密集的地方。这个地方也与我们对情绪的认知以及对注意力的集中有关。最重要的是，这地方赋予了我们世界的意义，给了我们生活的目的。其实，很多年以来，这里就被认定为是灵魂、自我及性格的栖息地。精神分裂症、忧郁症、狂躁症和注意力缺失症等患者都是因为额叶出了问题，这些患者不但心肠冷而且缺乏感情，所以他们在日常生活中无法正常地做决定或处理生活上的问题。额叶是人类最伟大的"成就"，专管概念、计划、预测未来、选择性思考并将知觉组合成一个整体，最重要的是它使知觉变得更有意义。

当然，也有人反对德梅西奥的观点。美国的邓恩特反驳说，意识不是定位于皮质内某一个局限的区域，而是存在于大脑的全部过程中。高级认知功能需要大量的额叶活动，各皮质之间送来的信息也会增加额叶的活动。假如开启意识的机制出了问题，或者各皮质之间送来的信息是不正确或缺失的，那么意识就会减少或是只保持了一部分。

思想、注意力、觉识、知觉、自我觉识，这些都是构成意识的不同“零件”；意识还包括疼痛、语言等。而我们意识经验的品质决定于有多少零件的参与以及如何参与。这一点就像绘画，先确定好一个图像，然后用铅笔先将大概的轮廓勾画出来，再将轮廓确定；最后是一层层地上色，形成最后的图像。虽然图像中只用了几种颜色，但是在整体的混合中形成了上千种的色彩。我们心智运作的过程也是一样，在意识产生之前有许多神经系统在大脑的各部位参与运作，而我们正常人所拥有的意识可能也只是需要大脑的几个“零件”共同运作而已。

“人类智慧”是我们人类根深蒂固的概念。它也是一种意识，一种知道我们能够确信把自己从其他形式的生命中区分开来的能力。但是，我们又如何在理论中确信，只有我们人类才拥有意识，而其他的动物、植物和无生命的物质就没有意识呢？奇怪的是，对这个问题至今也没有人能够作出令人信服的解答。而我们能做的事情也只是从类推中得到结论。怎么类推呢？过程就是这样：我的思维和意识源自我的大脑，如果你也有一个大脑，而且你也可以和我一样地思考并且可以与人交流，同时也会有情绪上的反应，那么我推断出你也有意识；而如果是一块石头呢？当然了，石头没有大脑，也不可能会交流，所以可以认为石头是没有意识的。相似的类推实验还被学者们应用于人工智能的研究上：人们认为，假如一台计算机能够有像人类一样的反应，那么它也可以被判断为有智慧的。但是计算机真的能感受到意识吗？难道只是因为它高超的处理数据的能力，我们就要像对待人类一样给予它敬意吗？我想这样的问题还是交给科学家和哲学家去争论、去解决吧。

（2）潜意识

潜意识这部分的心智可以说是所有生命经验的储藏所，包括经验、学习、世界互动方式和自主功能。

我们不太可能区分出有意识状态和潜意识状态之间明确的界限，在这两者之间有着太多奇怪而有趣的精神状态。心理学家简尼斯在他的书中也曾指出，公元前4000年左右，人类才有了我们现在这样的意识状态。在那之前人类的思维一直是处于近乎催眠的状态中的，他们以为自己产生的幻觉、听到的声音以及所执行的指令都来自众神。到了后来，人类才摆脱这种精神上的束缚。虽然那些认为自然界中的真理是古老之神的意志体现的说法有些荒诞和不切实际，但是弗洛伊德的研究使人们开始意识到，封闭于潜意识内的自我，确实包含了许多等待去挖掘的有价值的知识。

弗洛伊德在19世纪80年代创立了精神分析法，一种揭示和检验我们隐蔽起来的、产生潜意识的精神能量的方法。

弗洛伊德的核心理论是：人类的思想分为两个功能层面，即我们可以感知的意识层面和我们不能感知的潜意识层面。弗洛伊德认为，那些不被接受的禁忌、想法、愿望以及通常与儿童时期的基本生理冲动有关的经验、记忆被压抑或者被强迫逐出意识，但是它们仍然“蛰伏”在潜意识层面。外在的事情或联想能够导致这个被压抑的经验回升到意识中，引起意识主体释放最初诱发的焦虑与冲突。通过上述途径，思想一再被压抑到潜意识中，最终导致持续的潜意识冲突。

按照弗洛伊德的观点，潜意识冲突以本我、自我和超我三种不同的性格结构表现出来。在《自我和本我》一书中，弗洛伊德第一次描述了这三种性格。本我是个体本能的潜意识的源泉，它形成“力必多”（libido），即人的性欲和“生活力量”的最大的蓄积库。按照“快乐原则”（pleasure principle），它总是不顾代价地寻找瞬间的满足。在本能冲动之外，人类发现了自我。自我是人类性格中实用的、理性的部分，它努力使本我满足，但是它又知道必须在现实世界的约束下行事。超我则使我们变得懦弱或是有高尚的心灵。它抑制本我野性的冲动，允许我们把“力必多”的能量用在“更有建设性”的地方。当潜意识的原则和渴望被我们生活于其中的社会所限制的时候，我们就能够观察到超我的存在。

人类生活在一个有着“绵延不绝”的潜意识冲突的矛盾状态中。期间，自我在努力平衡着本我和超我的互相对抗。本我通过防御机制在冲突中保护自己，这个机制允许它逃避令人恐惧的事情。弗洛伊德的理论阐述了很多的防御机制，例如，在“投射”中，我们把自己不能被接受的想法和欲望归因于其他人；在“拒绝”中，我们简单地不去理会那些令人不悦的焦虑；在“压抑”中，不被接受的冲动被打压到潜意识；在“升华”中，丑陋的冲动或想法被改造成可接受的，甚至是有创造力的行为。

很多评论家批评弗洛伊德的精神动力学理论是以经验为主的、不科学的、不可被证实的或是伪装的。甚至荣格（瑞士心理学家）也主张一个完整的心理学体系应该包括精神方面。弗洛伊德把宗教视为一种精神疾病，但是荣格却认为它是人类生活和精神的一个真实的而且重要的表达。

荣格接受了弗洛伊德的很多基本理论，承认人类思维中存在着意识与潜意识，但是在建立潜意识的结构方面，他却与弗洛伊德分道扬镳了。荣格认为潜意识有两个独特的“层面”。

第一层，他称其为“个体潜意识”。个体潜意识是记忆和被压抑的欲望的储藏室。对于它们，我们偶尔能够通过梦境或回忆的闪现而得以了解。

第二层，也是较为底层的，即“集体潜意识”。集体潜意识存储了本能的行为、思想模式，以往的恐惧经历和“天生”从我们的祖先那儿得来的记忆。因为我们都有共同的远祖，所以我们每一个人出生时都带有集体潜意识中相同的经验。就像个体潜意识的内容被组织进思维的复合物一样，集体潜意识的经验也被组织进各种原型，深藏在特有的感知和行为方式中。个人无法直接进入集体潜意识，原形只是以符号的形式出现，它经常借用男人或女人的形象。例如，心理的阴影或是存在于女性性格中的男性意向、男性性格中的女性意向等。

与大多数精神动力学理论相比，荣格的观点似乎更难被科学地检验。然而，即使有一天他所有的看法都被证明纯属谬误，我们也不应该忽视它们的重要意义。因为，这些观点毋庸置疑地改变了我们自身思维的方式。

弗洛伊德认为在有意识思维和潜意识思维之间存在着一种持续不断的“渗出物”。偶尔，那种从潜意识中渗透出来的物质能够浮出表面，并且指导我们的行为。例如，我们可能会做一些后来我们回忆不起来的事情，或是犯一个莫名其妙的错误，而且自己不能解释为什么我会做了那件事情，还说了那样的话。潜意识还能够以梦的形式进入我们的意识中。例如，19世纪的德国化学家凯库勒就在梦中解决了苯环结构的难题。一天，凯库勒梦见了一条蛇摇着自己的尾巴，形成了一个环。这个梦启发了他，联想到苯分子应该是一个由碳原子串结起来的环形结构，而不是以前人们推测的直链式结构。于是，他认为可能这个想法和答案早就在潜意识中出现在他的大脑里了。

当然，我们也有潜意识出错的时候，例如，有些不想说出来的话却会不小心地冲口而出，或者突然叫不出一个很熟悉的朋友的名字等。我们会觉得这些小事情并不会对我们的生活产生太大的影响。但是，很多专家却认为这些微不足道的错误是很严重的信号。弗洛伊德在他早期的著作《日常生活心理病理学》中讨论过一种他称为“动作倒错”的潜意识错误。弗洛伊德认为大多数的错误都有隐藏在其后的含义，它们显露出了我们隐藏或忘记的想法、敌意和害怕。同时他还指出，“动作倒错”也说明了潜意识思维能够控制意识思维的活动。

潜意识可以通过以下两个方面来体现。

①梦境。

几个世纪以来，人们都一直认为梦境是有着重要意义的。在古埃及时期，人们认为梦境是神在给法老传达旨意。犹太教和基督教也认为，天使通常是在梦中降临人间，为人类带来神的启示。在当时的人们看来，梦幻能够帮助我们了解宇宙、了解众神，以及了解我们自己。梦中出现的那些神奇景象和象征性的东西所蕴涵的神秘意义，都成为了我们在思维本性中认真关心的问题。

弗洛伊德在其著作《梦的解析》中曾指出，梦是对经验的一种表达，这些经验可能因为太过恐怖或是充满了罪恶感而不能在有意识的状态下找到一条发泄的途径，所以它们被压抑在潜意识里。依靠解析的方法，梦变成了一条通往潜意识认知的大门。

同时，弗洛伊德借助自由联想的方法来发现梦中象征物的潜在含义。他认为，在梦中出现的那些象征物是受个人经历和当时的传统文化所影响。在此基础上，他又提出有的梦境又是与个人经历毫不相干的、完全是文化影响的产物。例如，弗洛伊德认为，梦中出现的任何能够穿透其他物体或是能够竖立起来的物体，像宝剑、手枪和高塔等，都是男性生殖器的象征；而任何能够包容其他东西或是能够被其他东西进入的物体，像钱包、首饰盒或洞穴等，都是女性生殖器的象征。而且，由于每个人都有自己的一些特别的经历，也就因此产生了他自己的象征物。例如，我的母亲以前有一个鳄鱼皮的包，如果我梦见了自己在抚摸一条鳄鱼，这也许就是我被压抑了的恋母情结的一种表达。

②冥想。

意识的功能之一就是将我们的自我一致性感觉融合在一起。但是，很多的宗教传统相信，只要我们透过冥想打破束缚自我的枷锁，达到一个更加纯洁的状态与境界，我们就能够得到精神的启迪。

冥想与东方的宗教信仰体系有着密切的关联，但它们同时也是基督教教义的一种特征，而且这种方式也越来越多地出现在人们的生活中。例如，有很多运动员就运用类似冥想的方式来调整他们的竞技状态。经验丰富的心理学家们在报告中称，无论是否信仰宗教，冥想都能增强人们的自我认同感和协调原先被压抑的情绪。

除了心理学上的益处以外，冥想还有着显著的生理学作用。这些现象是可测量的和确实可被重复的，因而它们是非常合适的科学研究对象。据研究结果显示，冥想可以产生一些令人惊奇的效果，如能够减慢受试者新陈代谢的速度，降低血压、脉率和肌肉紧张度。享有盛名的科学杂志《自然》上曾刊登了一份关于一个印第安长老的研究报告。报告称，他能够将自己的氧摄入量降至正常人的1/3，这是一个非常不可思议的数字。他的呼吸可以受自主神经系统所控制，而通常我们是无法有意识地去这么做的。其他的研究也显示，冥想能够缓和支气管哮喘、高血压和失眠的症状，还能消除精神紧张。在冥想状态中，大脑显示出与 α 波相似的电波，而 α 波是睡眠早期松弛状态的特征脑电波。

印度瑜伽的冥想方法至少能够追溯到公元前2世纪。要达到它的至纯的天启境界必须经历8个阶段，而只有当冥想者把自己感知为冥想的一个目标时才能实现。瑜伽可以使人放松，稳定呼吸节律，保持姿势持久。今天被运动心理学家们改进后的冥想方法已经成为各国运动员训练中不可或缺的一项内容。运动员们被要求在头脑里详细地默想比赛的每一个细节，以使身体与运动更加协调起来。

冥想的技巧可以分为两大类：内敛型和开放型。在内敛型冥想中，单个物体或想法成为冥想者集中注意力的一个焦点，使他摒除所有其他杂念。这种方法在很多冥想传统中已经固定下来。在佛教的禅宗里，这个注意力的焦点可以是一个简单、重复性的动作，如冥想者自己的呼吸或心跳的模式、钟表的滴答声，或者一句谚语。像15世纪基督教学者坎普斯那样的冥想者会将意识聚焦于受难耶稣的形象上；而瑜伽练习者则用祷文或是几个词组来集中注意力。在“密宗”传统中，身体的姿势成为意识的焦点，在他们的象征性身体语言中，生命力潜伏在脊椎的骶尾部，冥想的姿态唤醒了这种能量，使人们能够得以进入更高层面的意识状态中。心理学家对此的解释是，一个人的身体姿态与他的自我感觉有密切的联系。身体姿态是人内在感觉的反映，由大量传递到身体各部位的感觉信息所决定。长时间维持一种姿势时，大脑的感觉和知觉系统会收到一种统一的、连续性的输入信号，而这种习惯姿势会减弱大脑对身体姿态的意识，也就是所谓的放松了自我的枷锁。

与此相反的是，开放型冥想运用了内敛型冥想的技巧，但又超越了它们。冥想者被告知，不用特别地集中注意力，就能够洞悉周围正在发生的一切，并对那些正常情况下被我们的大脑屏蔽掉的嘈杂混乱的信息保持开放。这样的结果，使我们在对外部世界获得了一个拓展开来的感知的同时，达到了更加纯洁的精神世界。

(3) 通过催眠术来和你的大脑对话

前面我们已经向大家介绍了大脑的意识层面与潜意识层面，在这里，我们将向大家介绍奇妙的催眠术是如何通过唤醒大脑的潜意识来激发大脑的潜能的。

催眠在某种程度上也可以称做一种音乐，是一种特殊而又更为神奇的音乐，催眠是在特殊的音乐背景下，催眠师通过特制的歌词使被催眠者在真正的放松状态下唤醒潜意识，与潜意识进行沟通，让潜意识发挥能量，从而激发大脑的无限潜能，将催眠中的好处或好的感觉带到现实生活中，来治疗一系列的心理及生理问题。例如，治疗头痛、抑制失眠、减肥、减轻压力、疼痛控制、提高记忆力、增强自信心、增强免疫力、治疗抑郁症、治疗精神疾病、提高学习能力、开发潜能等。

①近代催眠的鼻祖。

近代催眠的鼻祖是一个德国人，名叫麦斯墨（Franz Anton Mesmer）。为了纪念他，催眠（Hypnosis）也叫做“Mesmerism”。

麦斯墨生于1734年，死于1815年。他出生于德国伊斯南（Iznang）的一个小乡村，毕业于维也纳大学医学院，毕业那年他32岁。

维也纳大学医学院在当时的欧洲相当有名，他的毕业论文写的是有关“行星（包括月亮和其他行星）对人体的影响”。他认为人体有一种磁场在运行，就像现在所说的“气”和“生物能”一样。而这种磁场的运行好像受到涨潮、退潮的影响。假如这种生物的磁场（Animal Magnetism）受到阻碍的时候，人们就会生病。他认为如果我们能够对这种磁场妥善地引导，然后再加以控制的话，我们的疾病就能够痊愈。

当时的社会中，人们易患牙痛、耳朵痛、呕吐、头晕等疾病。麦斯墨根据人体器官的不同形状，按病人生病的部位做成不同形状的磁铁，放在病人的身上，好像在模拟一个人工的涨潮和退潮。刚开始的时候，治疗这些疾病的效果非常好，后来他发现不需要用磁铁，光用他自己的手也可以产生同样的效果。

1775年，他写了一本小册子，把他在治疗上的发现整理出来，送给很多医学和科学的研究机构。同时，他也走访了很多国家，如瑞士、匈牙利、玻利维亚等。

1777年，麦斯墨治疗了一位18岁的年轻钢琴家，名叫皮若黛斯。她4岁时眼睛失明，但是钢琴却弹得非常好，到处巡回演奏，在欧洲相当有名。在众多医生对她的眼睛束手无策的情况下，麦斯墨利用催眠术把她的部分视力恢复了。奇怪的是，当她的视力恢复后，弹琴的能力却失去了。由此失去了优厚的弹琴收入，皮若黛斯的父母和麦斯墨发生了一些争执。她的父母希望治疗可以停止，让她的眼睛回到失明的状态，以恢复她弹琴的能力。麦斯墨这样做了以后，医学界的人对他大为不满，于是他搬到了巴黎。

麦斯墨在巴黎设了一个很成功的私人诊所，几乎全欧洲各个地方都有病人慕名而来，还有各式各样的病人被转诊而来求医。顿时他在巴黎声名大噪，因而认识了很多巴黎当时的贵族，包括法国皇后在内，对他都甚为仰慕。

后来求诊的人数实在太多了，麦斯墨便在巴黎租下一个大旅馆的一个大厅来做治疗。这个大厅挂着厚厚的窗帘，小提琴演奏着哀怨的曲调，每一个人都在半黑的大厅中摸索着前进。

麦斯墨在大厅中间摆了一个很大的澡盆，澡盆里有水、铁粉、磨细的玻璃粉等。他做了一个铁盖，上面有洞，可以用铁棒穿过去，让病人把铁棒放在他们生病的地方。这样准备好了以后，保持安静，等他出来治疗。之后，麦斯墨就像现在的催眠秀大师一样，手上拿着铁棒缓缓地出来。有时候他的手上不一定拿着东西。他慢慢走过每一个人，用手在病人的头上拂过去，或用铁棒来触碰病人。走过病人的时候他也会看病人的眼神。

大部分的人在治疗的时候不会有任何的变化，有些人则在刚开始的时候会有一些身体的症状，如咳嗽、呕吐、觉得好像有虫爬过他的身体等。有的人感觉更强烈，会大叫、大哭、大笑、打嗝，或产生抽搐的现象，整个人相当地狂乱。麦斯墨认为这就是治疗，让疾病消失的步骤，好像有个“大发作”（crisis）一样。一般来说这种“疗程”持续两三次，病人就会痊愈。

麦斯墨认为他之所以能够治疗病人，是因为他有特异功能，可以疏通病人的磁场。麦斯墨的这种方式的确治愈了很多人，而他名利双收之后也引起了很多人的嫉妒。

1784 年，法国国王路易十六召集了一些科学家，包括化学家拉瓦锡、美国驻法大使本杰明·富兰克林，以及发明断头台的吉尔汀博士等，去调查麦斯墨。结果他们并没有发现什么磁场或生物能；他们认为，这些现象全都是“想象”跟“模仿”所产生的结果。

调查报告在 1784 年发表，也就是麦斯墨 50 岁的时候。这份报告对他的声誉产生了相当大的伤害，医学界对他的印象也因此变得很差。法国的医学会甚至宣布，任何医师若使用催眠术，将会被驱逐出医学会，而且被吊销医师执照。在这种情况下，麦斯墨只好离开法国。最后他退休时，终老瑞士。

麦斯墨毕业于正统的医学院，终其一生想把催眠术带入正统的医疗系统中。但是，在他生活的那个年代里，并没能完成这个任务。倒是后来他的学生们辗转经由其他的国家，把催眠的方法传播了出去。

②近代催眠的由来。

自从 18 世纪 80 年代德国医生麦斯墨以他的“磁性的感召力”的演示轰动了巴黎以后，催眠术便广为人知。而且，强有力的证据表明，催眠的确是意识的一种移换状态，而且有被肯定的临床作用。

“催眠”一词来自 19 世纪的英国，被外科医生布莱德（James Braid）首次使用。他是第一个运用严格的实验方法研究这一现象的人。最初，布莱德提出催眠是一种“神经过敏的睡眠”形式，是由人对于催眠师的话和举止持续地注意而导致的大脑疲劳引起的，与正常的睡眠无异。但是，在后来的研究中，布莱德注意到，受试者进入催眠状态后，主观意识仍能继续控制他们的身体，他们的肌肉并不像正常睡眠时那样放松。根据这些资料，布莱德认为生理学因素在催眠状态中没有起太大的作用，并提出催眠在本质上是属于心理学范畴的。

现代研究显示，处于催眠状态时的大脑电波与人们清醒时的情况非常相似。当受试者进入催眠状态后，他们仍然能够说话、行走和执行命令。然而，催眠有一些显著的、与正常意识状态不一样的地方，例如，受试者的注意力变得非常有选择性，他们只会注意催眠师的声音而忽略其余所有的事情；受试者几乎没有主动的思考或行动，而只是等待着催眠师的提示；他们时刻准备着将一些不切实际的想法和情形当作现实来接受。那么，催眠状态到底是怎样的一种奇怪的状态呢？美国心理学家维克斯曼把它定义为“因为对医生的声音高度集中而产生的一种意识转移”。催眠状态仿佛是精神放松的受试者自觉地放松了对意识的控制，而将它交给了催眠师。另有一些人认为催眠状态只不过是受试者迫于社会压力而与催眠师合演的一场情景剧。

事实上，真正的催眠是要将受试者引入一个完全放松的思维结构中，然后让他将注意力集中到一个目标上，比如一个来回晃动的水晶球或是怀表。经过几百次的实验，用催眠来控制人的疼痛和“催眠后暗示”这两种现象已经被验证确有其事。但是，催眠能减轻疼痛的机制仍然是个谜。不同于“想象法”等其他心理学范畴的疼痛控制疗法，催眠不会导致体内阻断疼痛受体的神经递质“内啡肽”的产生。在催眠过程结束后，疼痛缓解和其他信息都被持续保留了下来。

“催眠后暗示”是另一个难解的谜。催眠师可以使处在昏迷状态的受试者产生两种持久的暗示反应：一种是否定性暗示，即不去感受疼痛或不要记住催眠时所发生的事情；另一种是肯定性暗示，它能提高受试者的整体精神状态，借由这样的方式，让人们树立积极正面、愉快健康的状态，消除心理的阴暗，改变自身的一些弱点，如恐惧感、自卑、忧郁等，可以让人们以更加轻松、更加积极的状态来生活和学习。

还有一种现象是用催眠来恢复记忆。例如，催眠师可以让受试者回到幼年及过去，还可以让受试者回到前世，并且通过这种方法，可以找出很多成年人难以解释的心理挣扎。例如，有些受试者在幼年时期可能被水淹过，所以长大后非常怕水。他们中有的人表示现在还不敢下水游泳，有的甚至表示自己从来不敢把头放在水盆里洗头等；还有一些受试者在幼年被虫子咬到过或惊吓过，所以在他们成年后还是非常惧怕虫子，很多人看到虫子后都会吓得尖声大叫。这些受试者们在被催眠的过程中都能很清楚地回忆起那些短暂及被遗忘的细节，并且在催眠后也会一直记得。但是当他们找寻到这一段记忆，并知道了一直被困扰的原因后，通常这样的症状也会慢慢地得到缓解。

③催眠的内涵。

催眠到底是什么？很多不熟悉的人对催眠往往有一种误解。它等于睡眠吗？为什么有人说它跟放松的时候（如冥想、打坐）没有什么两样？事实上，很难对催眠下一个定义。它是一种主观的感觉，从意识相当清醒到“梦游”，它有很多不同的层面。

我们大致可以从广义和狭义两个方面来理解催眠，广义的催眠是指任何方式的沟通。我们的父母是我们的第一催眠师，老师是第二催眠师，同学和同事是第三催眠师，我们自己也可以说是自己的催眠师。狭义的催眠则是指注意力处于高度集中的一种特殊的精神状态。

不过，从大体上来讲，我们可由人的脑波来进一步了解催眠。

γ 波一般为服用药物（如镇定剂）或很紧张时会见到的快速波；β 波为从事日常活动以及焦虑时常见的脑波；α 波就是我们平时在放松时，或将醒未醒的时候出现的脑波。这时往往有平静、安详、轻松的感觉；从 θ 波的意识状态到最深的 δ 波出现时，就是比较深的睡眠状态，或是打坐而进入“心空如洗”的那种境界，非常安静的状态。

催眠状态下的脑波其实跟意识清醒、闭起眼睛放松时的脑波没有什么不同。也就是说，在催眠的状态里，就像我们在打坐或很安静且放松的时候一样，出现了比较多的 α 波。换句话说，催眠状态就是介于清醒到睡眠之间的意识状态。

在催眠状态下，如果我们去测量一个人的血压、心跳或呼吸，你会发现跟一个人在放松而清醒（没有被催眠）时是很类似的。不过，在经过催眠、进入深度睡眠状态之后，整个人可以变得很柔软，更有弹性。就像我们专注地看一本书、听音乐或看电影的时候，你可以整个人融入音乐里、融入书中的角色或电影的角色，进入浑然忘我的境界。催眠就有点像是这样。

催眠不等于睡眠。若是睡着了，其实根本没有办法进行治疗。除非有些个案是因为失眠来求助，才会引导他进入睡眠状态。一般在做催眠治疗时的人都是很清醒的。

④催眠和睡眠的异同。

催眠和睡眠初期某些时候的脑电波是一样的，外表看起来也很相像，但被催眠时虽然觉得很放松，却不会放松到像睡着了一样。譬如，一个人如果睡着了，手上原本握着的东西会掉下来；可是被催眠的人即使进入睡眠状态，如果没有暗示叫他放掉，其手上的东西还是会被紧紧握着。

虽然，在催眠状态下，被催眠的人会觉得疲倦、想睡，而且对现实的分辨能力、判断能力及省思的能力可能会减弱，但大部分的自我控制能力仍然和清醒时一样。处于越深的催眠状态，接受暗示的能力就越大。一个人可以在催眠状态下听到声音、接受暗示、去做一些活动或去做一个很真实的梦，感觉上和睡眠中做的梦很像。不同的是，我们一旦睡着的话，就听不到别人讲话，没有办法接受任何暗示，无法进行双向沟通，也无法对我们的问题做到有效地了解、学习和整理。

正常人的典型睡眠电波主要分成两种不同时期，一种称为“快速眼动期睡眠”（rapid eye movement，或称 REM sleep），另一种则称为非快速眼动期睡眠”（nonrapid eye movement，或称 NREM sleep）。

REM 睡眠期的脑波相当活跃，且不规则，有时几乎和清醒时的脑波类似，血压、呼吸、心跳均会增加，全身大的骨骼肌则近乎完全瘫痪，出现生殖器勃起及间歇性眼球快速转动的现象。如果在此期间叫醒一个人，有 60% ~90% 的人会告诉你他正在做梦，所以 REM 睡眠期也被称为“做梦期”。第一个 REM 睡眠期通常在睡着后 90 分钟出现，以后每隔 90 分钟出现一次，一个晚上约出现 4 ~5 次，每次出现的时间由数分钟到 40 分钟不等，清晨醒来之前的 REM 睡眠期最长，因此大多数人都有醒前做梦的经验。

NREM 睡眠期又分成四个阶段，通常一个人躺在床上，醒着、放松，但尚未进入第一阶段睡眠前，大脑会出现很多 α 波。一旦进入第一阶段的睡眠（为最轻度的睡眠），α 波减少，θ 波开始增多。进入第二阶段的睡眠时会出现频率为 12 ~14Hz 的“纺锤形睡波”（sleep spindles）及一种“双峰一谷”形状的慢波叫“K 综合波”（triphasic K complexes）。第三阶段及第四阶段则为熟睡阶段，一般称其为 δ 波睡眠或慢波睡眠。若有梦游出现，也是在此期间。通常，一个正常人的整个睡眠时间约有 1/4 属 REM 睡眠，3/4 为 NREM 睡眠。

综上可见，催眠状态并不会呈现睡眠的典型特征。最为重要的是，两者的功能是不同的。我们可以通过催眠作为桥梁来与你的大脑潜意识进行对话，从而激发潜意识的无限能量！

四、神奇的 Music

很多人喜欢在寂静中阅读和学习，而更多的人则喜欢有一点背景音乐。通常我们会将音乐想象为集中注意力的天敌，特别是节奏感很强的摇滚乐，然而科学研究证明，音乐在特定条件下能够创造出一种使思维专注的气氛。音乐对神志有很大的启迪作用，而且长期听音乐还可以明显改善记忆力。

其中的道理何在呢?

其实在前面已经提到，人的大脑分左右两个半球。但是在一般情况下只有一个半球起主导作用，比较发达的这个半球叫“优势半球”，“优势半球”在左侧的人，即左脑发达的人喜欢抽象思维；而右脑发达的人喜欢形象思维。许多人把右脑称为“音乐脑”，音乐可以开发右脑半球的潜力。

一般情况下，右脑不如左脑工作量大，尤其是在紧张的学习和工作中，左右脑的活动程度更加悬殊。进行逻辑思维的左脑往往忙得不可开交，疲惫不堪，而右脑却有较多的空闲。对于大脑来说，某一部分使用过度，就会使大脑潜能的发展受到一定的影响。人在50岁以后，脑的重量逐渐萎缩，防止脑萎缩的办法之一就是勤用脑，充分调动和发挥脑细胞的作用。因此，非常有必要通过听音乐等手段开发右脑的功能。

关于音乐对神经系统的影响，现代科学可直接从脑电图中得以观察。结果显示，音乐对大脑电波活动的影响是十分明显的。优美的音乐对脑的电波活动产生有益的作用，特别是舒缓的乐曲，常使脑细胞的电波活动与曲子的频率趋于同步化。而当曲子频率加快时，大脑的兴奋程度也相对增加，使大脑更能集中注意力，思维功能得以加强。音乐是开发大脑、健脑益智的最好方式，历代学者和医学家均推崇此法。中国元代就曾有音乐治愈了元帝的健忘症之说。不过我们需要明确指出的是，节奏异常强的音乐听多了反而对大脑有害处。

近年来，国内外许多专家指出，音乐具有开发右脑潜能、调整大脑两个半球功能的奇特功效。

美国加利福尼亚大学的弋登·肖教授做过一个实验，他将78名3~4岁，而且智力相同的幼儿分成三组，一组学习莫扎特和贝多芬的音乐曲，一组学习计算机，一组不接受训练。结果9个月后，他用拼图游戏对这三组孩子进行智力测试时发现，学习音乐的孩子得分平均提高35%，而另外两组孩子则几乎没有提高。

人的大脑左半球负责完成语言、阅读、书写、计算等工作，被称为“语言脑”。大脑的右半球负责完成音乐、情感等工作，被称为“音乐脑”。由于人类生活离不开语言，因而“语言脑”的利用率特别高，“音乐脑”的利用率则相对偏低，从而造成左右脑的功能失调。由于“音乐脑”能使人产生创造力、联想力、直观力、想象力及灵感，所以如果能够设法开发利用“音乐脑”，那将会提高人类的智能。

著名心理学家劳伦斯强调：“只有当大脑右半球，即‘音乐脑’也充分得到利用时，这个人才最有创造力。”音乐通常被认为是上天送给人类最珍贵的礼物，也是所有人最喜爱的事物。而且最近有学者表明，音乐和语言一样都是沟通系统的原形，所以音乐一定有某些能够帮助人类的功用。

实验证明：五个月大的婴儿就可以听出音乐中小小的改变，八个月大的婴儿可以熟记一段旋律，如果你改变了一曲熟悉的音乐中的任何一个音，他们都会变得很惊讶。

不久以前，俄亥俄州的心理学家潘克赛做了一个实验：他播放各种音乐给鸡听，观察它们的反应。在所有的乐曲中，摇滚音乐引起了最显著的反应。鸡耸起它们的羽毛，头慢慢地从一边摇到另一边，给人很强烈的感受。潘克赛认为，鸡毛耸立起来，就像人在听到某些音乐时所体会到的激动、兴奋或毛孔竖立发麻的感觉。

我们的大脑需要做很多工作，才能把冲击到耳膜的声波建构成音乐，这个历程跟大脑如何把视觉刺激转化成影像一样。传入信息的每一个部分，包括音调、旋律、节奏、位置和音量的大小等，都是分开处理的，最后才组合在一起，加上情感的部分，成为我们所感受到的音乐。若是在这个过程中有任何的缺失，都会造成各种音乐辨识障碍。

有些人并不能辨别两个音之间的差别，就像一段曲子中间有弹错的部分，但是他们却听不出。可是这些人却能够分辨出这是一段快乐的乐曲还是一段悲伤的乐曲。这是因为音乐在大脑边缘系统的处理是平行的，边缘系统只是注意到情绪的部分，再送出粗略的评估，所以这些人就可以判断出这段音乐是快乐的还是悲伤的了。

潘克赛认为，某种形态的音乐能够激起情绪反应，这种效应跟动物之间带有情绪的叫声很相似。当你把动物或是人类的婴儿从母亲身边分离时，他们会发出局促、紧张、激动、越来越大声的叫声或哭声，足以让你感觉毛孔竖立、头皮发麻。在动物身上，这种叫声会使母亲的体温降低，也会使体内催产素的浓度降低。但是当母亲与孩子重聚时，孩子的哭声逐渐减弱，这时母亲体内的催产素的浓度慢慢升高了，体温也会逐渐上升。这一系列声音就像是一首乐曲，从开始到中间的激烈再到最后的逐渐收尾。研究发现，女性之所以比较容易感到头皮发麻、汗毛竖立，恰好符合这个理论。而当我们听到一段旋律，在音乐“峰回路转”时所感受到的情绪，也就像是在驱使我们去寻找自己的亲人一样的感受吧。

音乐在学习的过程中也扮演着重要的角色，尤其是巴洛克音乐被视为可以令人松弛和提升认知能力的音乐，而且让大脑更容易吸收外来的信息。除此之外，其他宁静安详的音乐也有助于放松心情并提高认知能力。

1950 年，保加利亚的心理学家、教育家乔治·罗森诺夫运用音乐教学使学生一天记住 1200 个外语单词，并且维持 96.1% 的记忆率，以此督促孩子加速学习。这是最早利用音乐引导超速学习的实例。

音乐能发挥这么大的功能，主要是因为音乐能帮助身、心、灵处于和谐均衡、融合放松的状态。而根据心理学家的研究发现，人的最佳学习状态是心跳、脉搏、呼吸频率都和他的脑波频率完全协调，因而形成身体完全放松，但思维完全集中的状态，这时大脑已经准备妥当要接收新信息，在这些条件下，“最佳学习状态”才会产生。

音乐不仅诉诸于我们的耳朵，时常，我们还能够感受到它进入到我们身体的每一个角落、每一根神经、每一个骨头与皮肉的空隙。当然，这一切的作用都是从大脑内的 α 波开始的，它主宰着我们安定平静的情绪，只要音乐响起，它就开始发生——通过不断地加强自身，一点一点地挤退其他不安的脑波，使 α 波自然成为“主旋律”。我们在前面讨论过大脑的四种脑波，也了解唯有在大脑呈现 α 波状态时，才能使身心放松而得到良好的学习效果。如果想要培养良好的脑波状态，习惯性地聆听巴洛克音乐或古典音乐是一种很好的方式。巴赫、亨德尔、莫扎特、海顿、贝多芬等巴洛克时期、古典音乐时期、浪漫主义时期伟大音乐家的乐曲，有如天籁一般的美好。而且这些固定节拍的特殊音乐能够让你急躁的思绪慢下来，使你的呼吸变慢变长，让你的心跳、脉搏维持在每分钟 50 ~ 70 下，平均 60 下，正好与音乐每分钟振动 60 下的频率相协调。而这些音乐更可以将我们的脑波从β波调整到α波，提高大脑的知觉并促进身心健康。

许多心理学家和音乐专家的实验都已经证实，适当的巴洛克音乐和古典音乐与大脑在α波状态时的频率相类似，假如我们在阅读或听课时伴随着这些音乐，就可以使大脑放松警戒，祛除敌意。于是我们打开了“大脑”，所要学习的知识自然地保存在记忆存储区，使我们变得更聪明，学习更得心应手。

除了平顺、舒缓脑波的起伏，巴洛克和古典音乐也可以增加脑内啡的分泌，加上大脑主管情绪的边缘系统得到自然的安抚、治疗，会让身体感到无比舒畅，甚至可以减少对药物的依赖，减轻莫名的焦虑和压力。

因此，为了开发大脑潜能，我们可以多聆听巴洛克音乐或古典音乐。因为音乐不仅可以纾解学习所产生的压力，打开潜意识，获得更快、更强的学习效果，音乐也可以培养人的耐性、集中注意力，使人对事物的敏锐度增强。更可贵的是，音乐可以让人产生安全感、幸福感，排除内心的忧虑和恐惧，从而增强对自己的信心。

当然，不同的音乐也会有不同的效果，例如：

①巴赫、亨德尔、维瓦尔第的慢板音乐，可以帮助我们稳定情绪、产生安全感，适合读书或工作时聆听；

②古典时期的海顿和莫扎特的音乐，更为高雅、透明、清澈，可以增强记忆力、提高注意力，也适合学习者在学习时聆听，效果十分显著；

③圣乐带来平和与宽阔的感觉，也适合在读书、沉思时聆听，可以舒缓情绪、减轻压力。

近代的科学研究在实验后证明，怀孕中的胎儿在母亲听莫扎特和维瓦尔第的音乐时，心跳频率比较稳定，也较少乱踢；但是母亲若听摇滚乐，会影响胎儿的心跳，胎儿在母亲腹中也会比较浮躁，容易乱踢，这真是令人惊奇的现象。由此证实了音乐有稳定神经系统的重要功能，甚至关乎婴儿的健康。如果我们懂得运用合适的音乐来帮助学习，将会发现音乐的确可以让我们提升阅读、语文、运算、思考等整体的心智能力，不仅如此，更可提高创造力，增加自信力，提升人际关系与社交能力。

以下仅提供一部分推荐的乐曲。

①放松身心时宜听的乐曲：

亨德尔竖琴协奏曲，作品四，第六号；

F 大调竖琴协奏曲，作品四，第五号；

C 大调大协奏曲《亚历山大的盛宴》。

②做笔记时可以听的乐曲：

巴赫第三号组曲《G 弦之歌》；

维瓦尔第《四季》；

阿尔比诺尼 D 小调双簧管协奏曲，作品九；

巴赫《F 小调协奏曲》第二乐章；

巴海贝尔 D 大调《卡农》；

亨德尔降 B 大调协奏曲；

维瓦尔第 C 大调短笛协奏曲。

③复习功课时宜听的乐曲：

莫扎特二十一号 C 大调钢琴协奏，K. 467；

贝多芬降 E 大调第五号钢琴协奏曲；

维瓦尔第 D 大调第三号长笛协奏曲；

巴赫 D 小调双小提琴协奏曲；

莫扎特 A 大调单簧管协奏曲；

巴海贝尔《卡农》；

贝多芬第六号《田园交响曲》；

格里格《皮尔金组曲》；

《清晨序曲》第四幕；

马勒《第五号交响曲》；

舒伯特 F 大调八重奏，D. 803。

第三章 探索记忆的奥妙

在过去的几百年中，科学家对记忆力做了大量的科学研究。然而，记忆力仍然保持着它的神秘感并且是一种令人敬畏的存在。它是一个令人惊叹的迷宫。在本章中，我们将从心理学和生物学的角度来探索记忆的奥妙。

人类文明能有今天，“记忆”功不可没，可以说起着决定性的作用。苏联著名心理学家鲁宾斯坦曾说过：“假如没有记忆力，我们便会成为转瞬即逝之物，从将来看过去，所看到的便会是一片死寂而已。而所谓现在，随着它一分一秒地流逝，也会一去不复返地消失在过去之中。”

古希腊有句谚语：“记忆是灵感的前提，失去它即意味着死亡。”人类若无记忆，不但生命毫无意义，也绝不会发展到今天，上一辈的经验无论如何也不会传递下来，因为缺少“记忆”这一媒介。

英国哲学家培根说："一切知识不过是记忆。"

人类很早就注意到了记忆的重要性，并着手研究。在当今的高科技时代，尽管其他学科获得了突飞猛进的发展，但人体科学的研究却起步甚晚，有关大脑记忆的研究课题也并未取得太大的进展。大脑到底是如何记忆的？记忆的生理机制是什么？这些仍是谜。"人脑的机能、宇宙空间、基本粒子"仍被称为迄今为止未完全揭晓的三大"宇宙之谜"。

长期以来，有关记忆问题的研究是分两方面进行的：一方面是研究记忆的生理机制，即内在的机理，如人记忆的过程。这部分的谜团尚未完全揭晓；另一方面是研究记忆的科学规律，改善、提高记忆力的方法与途径等记忆的外在表现。虽然记忆的内在机理没有完全揭晓，但是人们还是找到了一些有关记忆方面的规律性的东西，也创造出一些提高记忆效率、改善记忆状况的方法，使人们经过短期训练便可提高记忆力。

一、记忆是如何形成的

记忆就是对经历过的事物能够记住，并能在以后再现（回忆）或在它重新呈现时能再认识的过程，它包括识记、保持、再现三方面。简而言之，记忆就是过去的经验在大脑中的反映。人的大脑中有几千亿种印象，有些很快就会消失，有些却会维持一辈子，我们把这些称为记忆。就像进来的信息要被分解再重新建构成知觉，知觉也被分解再重组成记忆，每一个部分被送到大脑不同的地方去存储。晚上当身体休息时，这些碎片就会从存储的地方被提取出来，组合在一起，重新排演一次。每一次的排演就会使事件进入更深的神经结构中。最后，“记忆”和“拥有记忆的这个人”便成为了不可分开的一个整体。

记忆是如何形成的呢？其实，它是很多种不同事物集合的名称：它是你想起某个人时就来到了你心头的影像；是你记起小时候做过一件得到大人夸奖的事情时，就产生出的得意感觉；也是你想起天安门就知道它的位置在北京的常识。所以，如果你找不到记忆在大脑的哪个地方，也就不奇怪了，因为它是那么的复杂。每一个不同的记忆都存储在不同的地方，提取的方式也不同，必须要靠几十个不同的大脑区域通力合作，才能得出我们所谓的记忆。

要了解记忆，你就必须审视神经细胞，因为记忆就是在这里被制造的。不论是哪一种记忆，基本上都经历了同样的过程：一组神经细胞同步激发活化，形成某一个特定的形态。思想、知觉、念头、幻觉等，任何大脑的功能都是由同样的情形得来的。

在这里也介绍一下人类的记忆系统。记忆使用了许多不同的大脑区域：额叶，长期记忆永久地存储在这里；壳核，程序式的记忆存储在这里，例如开车、骑自行车等；海马回，记录和提取记忆，尤其是个人的记忆和关于空间的记忆；杏仁核，潜意识的创伤记忆可能存储在这里；尾状核，许多人类的本能（记录在基因上的记忆）源于此处。

记忆如何变得永久呢？主要是按当初信息被记录在脑中的强度而定，这就是为何再学习时，要借助听、看、说、做以及正面的情绪作用（如共同学习）等增强记忆因素的原因。然而有充分证据证明，记忆是在人睡觉或高度放松，处于α脑波状态时，被锁入脑海中的。

《科学》杂志刊登过的一篇研究报告显示，研究人员在老鼠的海马回接上电极，当老鼠在盒中到处摸索时，便记录下哪些脑细胞受到刺激。而当老鼠睡着后，他们发现这些脑细胞会再度活跃起来。研究人员还发现，如果以相当于θ波的低频电波来刺激海马回，记忆力就会增强。在人类身上的实验也显示，睡眠可以增强记忆，特别是在半梦半醒状态，即所谓的“眼球快速运动期”。

《今日心理》月刊曾报道过一项加拿大的实验。实验中，有一组学生在晚间学习过后就去睡觉，另外一组学生则彻夜用功读书。相较之下，前者所记忆的信息远多于后者。而以色列的一项实验也显示，当你的“眼球快速运动期”在一夜中被打断60次之后，你的学习记忆就完全停摆。

二、打开记忆的“潘多拉”

记忆是一个很复杂的系统，但是也有规律可循。下面向大家介绍几种记忆规律，这些记忆规律都是简单实用的，掌握它们便可最大限度地减少遗忘，提高记忆效率。

1. 给记忆一个理由

有明确的目的或任务有助于记忆。心理学家研究表明，强烈的动机能让你记得更有效。为了系统地掌握科学知识，必须强化记忆的动机。

心理学家曾经做过一个实验：他们给两个小学生 A 和 B 均布置了“背书”的作业，然后告诉两个人第二天要考试，第二天考完后，两人的成绩差不多。另外，实验者只告诉 A 一个月以后还考一次，B 完全不知道。一个月后又对两个人进行了考试，结果，A 的成绩比 B 的成绩好得多。其实，并不是 A 比 B 聪明很多或记忆力更好，只是 A 有更强的记忆目的，所以记忆就长久一些。

这个实验告诉我们，在学习的时候要严格要求自己，给自己提出明确的记忆目标，这样才能达到更高效的记忆。进行动机强化，首先，要有明确的任务。任务明确，就能调动大脑的积极性，更好地完成记忆的任务。任务越具体、越明确，记忆效果就越好。例如，我们可以把英语单词写在小卡片上，每天记忆 10 个生词，并及时进行复习。这样，日积月累，你的词汇量就会大增。其次，强化动机要有意志力，要下定决心去记住一段材料，就要专心致志。如果对所要记的东西不认真对待，是不会有好的记忆效果的。

2. 刻骨铭心的理解

积极思考、深刻理解要有利于记忆，“理解记忆”的基本条件是对材料进行思维加工。如科学要领、范畴、定理、法则和规律、历史事件、文艺作品等。我们记忆这些材料的时候，通常都不会死记硬背，而是先理解它的含义。对材料进行分析，掌握其特点和知识结构，方便记忆。理解记忆的全面性、牢固性、精确性及迅速有效性依赖于学习者对材料的理解程度。理解记忆的效果优于机械记忆。死记的效果不好，原因就在于对记忆资料（对象）的内容和实质并不了解，或者只是一知半解。简而言之，当某件事情对你有特殊意义时，给你的印象就会特别深刻，难以磨灭。反之，要你去记一件毫无意义的事，是很困难的。

此外，我们在记忆时，必须将记忆对象的内容同其他事物联系起来，这样记忆起来就更加轻松、方便。德国著名心理学家艾宾浩斯在做记忆的实验中发现：为了要记住 12 个无意义的音节，平均需要重复 16.5 次；为了记住 36 个无意义的音节，平均需要重复 54 次；而记忆 6 首诗中的 480 个音节，平均只需要重复 8 次！这个实验告诉我们，凡是理解了的知识，就能记得迅速、全面而牢固。如果死记硬背，那将是“费力不讨好”。理解记忆以理解内容为前提。这种理解不仅指“看懂了”，而且包括清楚各部分之间的逻辑联系，以及该内容和以前的知识经验之间的关系。

我们通常说“泰国的首都曼谷”，实际上这是一个简称，泰国首都的全称是“共台甫马哈那坤奔他哇劳狄希阿由他亚马哈底陆浦欧叻辣塔尼布黎隆乌冬帕拉查尼卫马哈洒坦”，共41个字。短时间想要把这41个字一字不落地背下来，的确是一件比较困难的事，恐怕要比记圆周率小数点后41位还要复杂得多。

我们不妨背诵两首诗试一下，一首是李白的《望天门山》：

天门中断楚江开，碧水东流至此回。

两岸青山相对出，孤帆一片日边来。

另一首是唐朝著名诗人贺知章的绝句《回乡偶书》：

少小离家老大回，乡音无改鬓毛衰。

儿童相见不相识，笑问客从何处来。

结果怎样呢？这两首诗的字数比泰国首都的名字还要长，可是往往只要背几遍就能记住了，原因正是在于它们有意义。

记忆是有规律的，学习的时候需要有意识地进行理解，积极运用想象思维，才能有更好的效果；如果不分情况，偏要使用机械记忆进行没有意义的重复，那就永远达不到好的记忆效果。所以在记忆时，只要是有意义的内容，就应该做到“先理解，后记忆”，把所要记忆的材料分出大小层次来，然后按照其逻辑关系强化记忆。例如，背诵古文，如果不理解其意思，那就会觉得在背天书，非常吃力。如果把古文里的词意、中心思想都弄懂、掌握了，在理解基础上记忆，背起来就会得心应手，速度也会更快。

当然，理解记忆的效率虽然高、效果虽然好，也不是理解了就能记住，也要通过多次的重复记忆才可以。有时我们理解了某个学习内容，就以为学习结束了，不会再进行重复记忆，如此一来是不可能将所学内容完全、准确地记住的。

3. “擒贼先擒王”

人的记忆潜能虽然很大，但是在记忆资料的时候，事实上没有必要把其全部内容都记住。科学家研究发现，通常在一篇文章中只有20%的内容是关键字词，而其他80%的内容都是叙述性的语言，只是用来阐释这20%主题关键词的。因此，必须将所接收到的信息进行精简概括，提供给大脑记忆、运用。

很多名人都善于运用这个方法，将一篇文章或书籍的内容用非常精简的语言概括。其实，总结的过程也是概括的过程，即把自己的所见、所闻、所思和所想简化为最精练的一个字、一个词或一句话，用简练的字句表达出丰富深刻的内容。

例如，法国大作家雨果将《悲惨世界》的书稿寄给出版商后，过了几天便写信催问出版社。其信的内容只是一个符号“?”，出版商回信也非常有幽默感，只有一个“!”。他们用两个标点符号，表达了许多文字才能表达清楚的内容。

抓关键字的目的就是要善于从庞杂的材料中抓住要点，一般来说有以下几种方法。

(1) 主题概括

一部著作、一篇文章，甚至一首诗词，都包含着丰富的思想内容。不论是何等规模的巨著，只要把它的主题提炼出来，就能抓住要领，概括地记住它的全部内容。如中国古代名篇《六国论》可以概括为“苏洵六国败亡，非兵不利，战不善，其弊在赂秦，并讽刺北宋贿赂契丹的退缩政策”。这就是文章的纲，抓住了它，要点与内容就连成一片，记忆就方便多了。

（2）内容概括

在学习中，我们往往会碰到大批资料，对此，可以选取一些关键的字词，抓住主要情节进行记忆。如一部长篇小说卷首的“内容提要”，一部影片上映前的“新片简介”等，都属于大纲式的概括。概括内容可选取关键性词句，如要记住中国古代历史中关于“井田制”的内容，可简化为：国君所有，诸侯享用，奴隶耕作，形似井字。或者进一步简化为：君有、侯用、奴耕、井形，这样就很容易记住了。当需要写出详细内容时，只要顺藤摸瓜，增加叙述性的文字就可以了。

（3）简称概括

对于那些较长的词句、名称、概念进行高度简化，赋予它一个新的名称，这是常用的简称概括。

（4）顺序概括

这种概括就是把学习材料按其本来的顺序进行概括，记忆时突出其顺序性。如记中国历史中“王安石变法”的主要内容：一是青苗法；二是募役法；三是农田水利法；四是方田均税法；五是保甲法。即可概括为“一青、二募、三农、四方、五保”几个字。

（5）数字概括

用数字来概括识记材料，如，“两河流域”“十四点和平计划”“和平共处五项基本原则”“9·11恐怖事件”“‘三个代表’重要思想”等，都是寓意鲜明、容易引起回想的数字概括。

（6）首字概括

对并列的识记材料，可提取首字进行概括。例如，中国唐朝诗人柳宗元的《江雪》原诗是：

千山鸟飞绝，万径人踪灭。

孤舟蓑笠翁，独钓寒江雪。

提取字头为“千万孤独”，可以想象在江雪中的钓翁有千万种孤独感。这种记忆法简单有趣，但是在开始时需把首字编成有意义的语句，这是要花点工夫的。不过一经编好，便终生难忘了。

上述概括方法既可以各自采用，又可以综合运用。总之运用概括法时，要先对学习材料进行通篇把握，初步理解并弄清其间的关系，然后抓住材料的要点进行归纳总结。根据这一规律，为了让大家迅速地掌握，请你认真做以下的相关训练。

①训练一。

第一次世界大战，可“浓缩”成如下要点：

• 背景：帝国主义国家重新瓜分世界的斗争中形成两大军事集团，疯狂扩军备战，加剧战争危机；

• 时间：1914—1918 年；

• 经过：三条战线，即东线、西线、南线；五大战役，即马恩河战役、马祖尔湖战役、凡尔登战役、索姆河战役、日德兰海战。

• 性质和后果：帝国主义间掠夺性的、非正义的战争；它给交战国的人民带来了深重的灾难，出现了第一个社会主义国家——苏联。

②训练二。

美国独立战争的发展线索，主要抓住六点：

• 爆发：莱克星顿枪声；

• 建军：第二届大陆会议决定成立大陆军；

• 建国：《独立宣言》发表；

• 转折：萨拉托加大捷；

• 胜利：约克郡英军投降；

- 和约：英美签订和约。

4. 增加记忆线索

通常可以用“比喻”使记忆材料形象化、具体化，从而提高记忆效率。很多人写文章、说话总爱打比方，因为生动贴切的比喻不但使语言和内容显得新鲜有趣，而且能吸引人的思索和引发人们的联想，容易加深记忆。比喻与记忆密切相关，那些新颖贴切的比喻容易纳入人们已有的知识结构，被描述的材料常常给人留下难以忘怀的印象。其作用主要表现在以下几个方面。

（1）变未知为已知

孟繁兴在《地震与地震考古》中讲到地球内部结构时曾以“鸡蛋”作比喻：地球内部大致分为地壳、地幔和地核三大部分。整个地球类似一枚鸡蛋，地壳好比是鸡蛋壳，地幔好比是蛋白，地核好比是蛋黄。这样，把那些尚未了解的知识与已有的知识联系起来，人们便容易理解和掌握。比喻能把许多人未能体验过的特有的自然现象活灵活现地表达出来，开阔了人们的眼界，同时也深化了记忆。

（2）变平淡为生动

利用比喻使文章由平淡变生动的例子有很多。比如，唐朝诗人白居易的《暮江吟》中写道：

一道残阳铺水中，半江瑟瑟半江红。
可怜九月初三夜，露似真珠月似弓。

诗人将露比喻为珍珠、月比喻为弓。深秋时节，昼夜温差很大。到了夜里，草叶上就凝结了一层细密的露珠。这本来是很常见的现象，但诗人通过比喻，使这些很常见的景物显得与众不同：露珠闪闪，如同珍珠闪耀；月亮弯弯，犹如弯弓一张。平常的景物一下子变得活灵活现，难怪诗人会备感喜爱！

（3）变抽象为具体

中国唐代诗人贺知章的《咏柳》：

碧玉妆成一树高，万条垂下绿丝绦。

不知细叶谁裁出，二月春风似剪刀。

有些事物是抽象的，一经巧妙的比喻就会“看得见、摸得着”，容易记住了。我们知道春风的形象了，“柳树碧、柳枝绿、柳叶细”都是春风的行为，这首诗就记住了。运用比喻实际上增加了一条联想的线索，这能够帮助我们打开记忆的大门。

当然，增加线索的方法还有很多，除了前文介绍的基本方法外，找关键字、联想画面、做笔记、多感官运用、配合动作等都可以增加线索。线索越多，记忆越容易。

5. “回圈记忆”

德国心理学家艾宾浩斯是发现记忆遗忘规律的第一人。他发现输入大脑的信息在经过学习过程后，便成为了人的短时的记忆，但是如果不经过及时复习，这些记过的东西就会被遗忘；而经过了及时的复习，这些短时的记忆就会成为人的一种长时间的记忆，从而长时间保存在大脑中。

那么，什么叫作遗忘呢？所谓遗忘就是我们对于曾经记忆过的东西不能再认，不能回忆起来，或者是错误地再认和回忆，这些都是遗忘。

艾宾浩斯在做这个实验的时候是拿自己作为测试对象的。他选用了一些根本没有意义的音节，也就是那些不能拼出单词来的众多字母的组合，如 asww、cfhhj、ijikmb、rfyjbc 等。他经过对自己的测试，得到了一些数据（见下表）。

时间间隔与记忆量的关系

时间间隔	记忆量（%）
刚刚记忆完毕	100
20 分钟之后	58. 2
1 小时之后	44. 2
8 ~9 小时后	35. 8
1 天后	33. 7
2 天后	27. 8
6 天后	25. 4
一个月后	21. 1

然后，艾宾浩斯又根据这些点描绘出了一条曲线，这就是非常有名的揭示遗忘规律的曲线：艾宾浩斯遗忘曲线（见下图）。

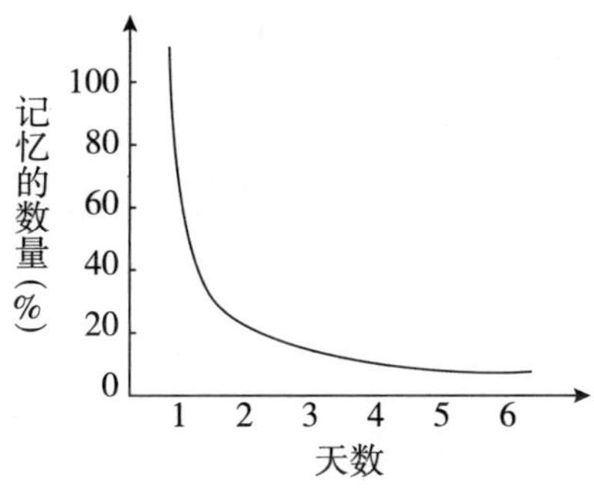

艾宾浩斯遗忘曲线

这条曲线告诉人们在学习中的遗忘是有规律的。遗忘的进程不是均衡的，不是固定的一天丢掉几个，转天又丢几个的，而是在记忆的最初阶段遗忘的速度很快，后来就逐渐减慢了，过了相当长的时间后，几乎就不再遗忘了。这就是遗忘的发展规律，即“先快后慢”的原则。随着时间的推移，遗忘的速度减慢，遗忘的数量也减少。

因此，要想杜绝和防止遗忘，一定要做好复习这个环节。那么应该怎样复习呢？正确的做法应当是依据上述规律，运用科学的“回圈记忆方法”。即在遗忘刚刚开始的时候，立即强化它，使它鲜明地保持下来。又因为人的遗忘随时间的变化“先快后慢”，所以复习也应该“对症下药”，与其同步运行，在时间间隔上应先短后长。具体说来就是“七次循环复习法”：

①间隔几秒钟——第一次复习；

②间隔几分钟——第二次复习；

③间隔几小时——第三次复习；

④间隔一两天——第四次复习；

⑤间隔四五天——第五次复习；

⑥间隔一星期——第六次复习；

⑦间隔一个月——第七次复习。

复习的规律并非一成不变，每个人可以根据各自的情况灵活掌握，依照自己的记忆习惯及规律探索出最适合自己的方法。因为在这个大的遗忘规律下，可以说我们每个人都有一个自己的“遗忘曲线”。

6. 放飞想象的翅膀

我们经常对那些具有所谓的“记录式”记忆的人感到惊讶，并为之倾倒。然而事实上，你也有可能拥有这样一种技能，你不要怀疑这个可能性。

是的，这些人很神奇，他们经常过了几天后还能准确地描述出一件艺术品、一个情景、一处风景或某个人的相貌。这的确令我们难以想象。

遗憾的是，大多数人并不具备这种能力。人们通常不能把一幅图像长时间地保存在自己脑中而不模糊，这就是我们的困惑，但这绝不应成为我们灰心丧气的理由。每个人自身都储备着这种“摄影式”的记忆能力——只不过需要你把它挖掘出来。在这里，我可以告诉你，一旦你放飞了想象的翅膀，将它很好地运用到记忆活动中，这一切你也可以做到。

现在你可以测试一下你的视觉想象力。请先闭上眼睛，想象一下自己眼前有一幅电影银幕，依次是红色、黑色、白色、黄色、绿色、蓝色。看到了吗？哪些颜色你觉得容易想象？哪些颜色觉得想象起来比较困难？在哪些颜色上用的时间较长？

请你再想象一下眼前有一个画家，他拿着一支画笔在一张画布上作画。这种想象能帮助你提高对颜色的记忆。

当你有时间或想放松一下的时候，请经常做这样的练习，如果能长期坚持下去，你应该一次比一次更容易成功地想象颜色。现在让你的这种想象开始飞翔吧。我们从尽可能美好的、正面的图像开始，因为根据经验，正面的事物比较容易记在头脑里。

现在，你可以尽情发挥你的想象，回忆过去的一幅让人感觉特别美好的画面，如某个度假日、美丽的景色、想象电影中的某个场面等。请尽可能努力地想象这个画面，并把自己置身其中，再把这张画面的所有细节都描绘出来。在繁忙的一天中有几分钟闭上眼睛，在脑海中呈现一下这样美好的回忆，便会感到非常放松。在临睡前也很适合做这种练习，它能让你感到平静，并且带着愉快的心情入睡。

这种回忆具体细节的方法以后会帮助你把事物更好地保留在记忆中。此外通过这种方法还可以训练我们的想象力和观察力。

当你做完了这些必要的练习之后，可以开始有目的地集中你的注意力。请你先观看某个静止的东西，如一盆美丽的花、某个橱窗摆设、一碟摆得特别有艺术情趣的诱人菜肴。同样重要的是选一幅美丽的画面，再把这幅画面放置到内心去。现在闭上眼睛，尝试把这幅画面具体地呈现在自己“想象的屏幕上”。

睁开眼睛时，把你想象的画面与“原件”对比一下。你是否漏掉了一些细节？如果确实是这样，那么你就应该特别仔细地记住这些具体细节，再闭上眼睛，重新练习。可以肯定，记住的具体细节将一次比一次多。这不是特殊技能，需要的只是反复练习。

当然，你没有必要安排专门的时间来做这项工作，日常学习和生活中的许多闲暇我们都可以这样练习。当你坐在公共汽车或地铁里的时候，可以集中注意力看某张你特别感兴趣的脸，仔细地研究。然后闭上你的双眼或者看窗外，尝试把这张脸呈现在你的眼前。接着你再看一下这张脸，检验一下，你是不是漏掉了一些细节。

过一段时间，你会惊奇地发现，自己有了很大的进步。同时，还会感觉自己开始用一种全然不同的眼光来看世界了，你会突然注意到以前从没注意过的事物，如老师不耐烦的特殊姿态，或者朋友的某种表情等。随着你的这种能力的提高，你对人的认识，即观察别人脸部细微表情变化并迅速作出反应的能力，自然就会提高。

现在，你还会觉得“记录式记忆”神奇吗？只有傻瓜才会一味地去羡慕别人而不愿试图改变现状。你同样可以变得很出众，不要再浪费自己的时间了，轻轻松松、快快乐乐投入其中才能达成心愿。

7. 感官总动员

立体性的应用也就是同时运用多种感官，多方配合，共同参与记忆。要想达到很好的记忆效果，首先要做到“三到”，即眼到、口到、手到。也就是说要充分地调动视觉、听觉和触觉，你在记忆资料的时候就会事半功倍。

三、记忆的宝囊

学习过程中，我们所接触的信息（记忆的对象）不外乎以下列方式呈现，我们称之为记忆的材料。那么在记忆的大仓库里面到底有哪些记忆材料呢？

- 图像：包括动态图像（日常生活事件、电影情节、电影节目、光影、人物）及静态图像（照片、街道地图、绘画、风景、物体）。
- 声音：让大脑吸收的容易度仅次于图像，如音乐、人声等。
- 文字：如小说、报告、歌词、公式、定理等。
- 数字：如奇数、偶数、会计报表、车牌号码、身份证号等。

这四种记忆材料中，图像（特别是静态图像）记忆最容易、最快速。我们应该都有这样的经验，在路上偶尔会碰到几个多年不见的朋友，想打声招呼，但却因为想不起对方的姓名造成尴尬的情况。为什么我们会如此确定他就是我们的朋友呢？因为你记得他的长相，人的外貌就是图像的一种；而姓名属于文字，如果没有频繁地复习使用这个文字，就会被记忆系统忽略而产生回忆的困难。

如果文字结合声音、影像或带有情感时，会比较容易快速地记忆下来，而我们的“超脑力效能训练”就是运用这个特性，用短短的十几个小时，把你训练成为“听到什么就记住，看到什么就记住，并且记住就不会忘记”的学习天才。所以我们应该把传统的用左脑记忆文字或数字的方法，立刻转变为用右脑处理图像。因为右脑的直觉能力不但可以在瞬间抓取资料，而且右脑以图像存储记忆的容量，是左脑以文字、数字记忆事物容量的一千万倍。

我们在“超脑力高效学习法”的课程中会让学员先试着以自己习惯的记忆方式来记住50份资料，通常大家都只记住七八项，因为一般人工作的记忆“容量”平均只有7个单元左右；但若是把这50项文字资料转换成图像，并赋予意义，再将其串联起来，则有90%以上的学员能够完全记住。图像记忆的惊人威力，从这项测验教学中便可得到证实。

心理学家曾做过无数次的测验，发现人类辨别图像的能力接近完美的程度，也就是在一万张图片或照片中，能正确地辨别看过的图，这样的记忆效率高达98%。这也就是人通常能记住初识者的脸孔却无法记住名字和电话的原因。

因此，我们训练学生开始用右脑来想象、用右脑来记忆。当他们摆脱传统的制式化思考和死记硬背的束缚，在右脑产生图像联想时，他们的脑筋就恢复原来的灵活度了。通过文字记资料只能记七八项内容，但通过图像记忆，却能在短时间内记住50项资料甚至更多，而且还可以从最后面的资料倒背回来，毫无任何阻碍。

四、记忆大家庭

在记忆的大家庭里面，“兄弟姐妹”还真不少！记忆一般分为短期记忆和长期记忆，然而最新的理论告诉我们，人的记忆不再是简单的长期记忆和短期记忆，而是可以更详细地分为以下几种类型。

1. 工作的记忆

工作的记忆类似以前我们所说的短期记忆。这是非常短暂的、只有几秒钟的记忆，位于前额叶皮质中，可同时记多种不同事物，如交谈中记住对方的一句话，又同时向别人挥手打招呼、拆信及整理桌上的东西等。

2. 暗示的记忆

暗示的记忆又称肌肉记忆，不需用到意识和知觉，存于脑下部的小脑中，其功能一旦消失，心智即会严重受损，例如，原先就已学会的骑自行车、开车、驾飞机、游泳、打球、玩游戏等，一旦学会就不易忘记，最多只是生疏而已。又如自己想去的地方以及一些反射性动作等，都不易忘记。

3. 遥远的记忆

这种记忆散布在大脑皮质的四周，会随年龄增长而退化，以前所获得的信息和学习过的事物，会因实用与否而逐渐汰旧换新，这种终生不断累积的各种信息与知识，常因回忆或复习的多寡而互有消长，造成回忆的一些困扰。

4. 片段式的记忆

片段式的记忆指来自海马回本身的少许记忆，是特殊经历的记忆。例如，与某名人或心仪者见面时、特别悲痛或高兴的事、某部小说或电影的动人情节、球场的比赛高潮以及感到很满足时留在脑中的这些记忆。

5. 语义的记忆

语义的记忆位于尖细的“脑回”（gyrus）组织中。学会的文字、符号、商标、图案样等只要常看到、听到或用到，偶尔回忆一下，大多不易忘记。这种记忆代表人类对整个世界活动的一般性认知。

五、你也能成为记忆天才

没有记忆力不好的人，只有没有经过记忆训练的人！你不一定是记忆天才，但你一定可以成为记忆超人！这一切都源于我们最专业的超脑力超强记忆力的训练。下面我就向广大爱学习的朋友“传授”超脑力超强记忆法的“修炼心法”。

1. 成为记忆天才的五大原则

对于短期记忆（工作的记忆），一般人最常使用“复诵”来加强记忆的牢固度，以在脑中不断地重复同样的信息，来延长它停留在大脑中的时间。但即使一个人的短期记忆能力再强，我们对短期记忆的容量都是有限的。所以，如果我们的记忆只停留在“短期”，不管我们怎么努力地加快速度、增加学习强度，效果仍十分有限。

但这并不是说“短期记忆”就这么一无是处。相反，若是“短期记忆”的效率提高，“长期记忆”（暗示的、遥远的、插入式的、语义的）也可以随之扩充。若是把短期记忆比喻成一个过滤网，那么所有的信息都需经过过滤网淘洗、筛选、处理，才会被送到长期记忆的区域保留下来。因此，任何信息只要经过短期记忆的加工，此后长期记忆要从中抽取记忆就容易得多了。那么，增强记忆的原理是什么呢？

（1）使用你的全脑

持续不断地增强自己左右脑的能力，运用左脑掌管文字、数字、语言、分析、逻辑、顺序的功能，运用右脑掌管图像、颜色、韵律、音乐、空间感、想象、创造、联想的功能进行自我教育。一个人越是经常一起使用两边的大脑，两边大脑的功能就越能彼此交流；越经常锻炼这些部位，这个人的记忆力就越强，而锻炼的过程也越有趣。

（2）有效的联结

针对大脑记忆的特性，掌握记忆力的起落节奏，通过不断地反复练习、复习，强化学过的知识，并将新学习的信息和已知的知识联结。这样就能把学习中段记忆力大幅下滑的曲线拉平，维持在直线平稳的状态并再度向上攀升。

（3）想象的魅力

人脑之所以能通过神经元存储许许多多相关联的信息，再由神经树突将存储的资料高度联结起来，是因为人脑有一层关联皮质，能由各个不同的记忆仓库中提出相关联的信息，进而把所有的关联记忆集中在一起。因此，一位有超强记忆力的人，一定是充分、高度发挥他大脑的想象力、联想力、创造力，顺着大脑“主要记忆”的特性，将记忆的材料特殊化、突出化，产生关联性，并尽量使其与自己有关，把就近学到的知识与已经知道的知识联结在一起。

（4）坚信你能行

一位拥有超强记忆力的人，一定对自己的记忆力非常有信心。他非常清楚自己的大脑可以存储无限的资料，因为每一种进入大脑的资料，不论是感觉、记忆、概念，都能自成一个核心，向外放射出成千上万的索引，每一个索引代表一个联结，这个联结再与其他的联结相联系，成为无数的联结。因此大脑存储及整理资料至少是以百万为单位来计算的。一个能记住很多事物、很多资料的人，因为了解自己大脑的结构与潜能，他相信只要愿意，他想记什么就能记什么，想记多少就能记多少。

（5）调控你的感官

增强记忆的最后一个原理，就是充分扩充、发展你的感官知觉。当你在学习新事物时，充分运用你的视觉看图像、感受色彩的刺激、欢愉；用想象或实际去感受香、臭等特殊味道及酸、甜、苦、辣等，尽力发挥嗅觉与味觉功能，以及用听觉、触觉去感受记忆。把这些五官感觉统统加进你记忆的仓库，你的灵敏度便会越来越高，触角越来越敏锐，你会随时提醒、教育、训练自己，不久以后，下一个拥有超脑力的人就是你！

2. 成为记忆天才的两个步骤

要如何才能获得超强记忆力呢？首先，第一步是要学习如何以共同模式存储信息；其次，要设法让存储的信息相互之间产生非常强的关联性。因此，你必须要学习一个或多个有效记忆系统，才能使你将感官所获得的信息以共同的模式存储在大脑中。再次，你要发展三种心智能力，让你能使信息和信息间产生强大的联结，而不是任其成为松散零碎的片段记忆。这三种能力可说是人类心智功能的基石，即想象力、创造力和联想力。持续开发、训练、发展、强化这三种能力，能让你的大脑产生非常强的联结功能，并且对学习充满持久而强烈的兴趣，那时你的学习过程是轻松而有趣的，而且对任何学科都是如此。超强记忆力就是由超强的兴趣产生的。

人类大脑存储资料的能力远远超过人的想象，更远远超越世界上任何一部最先进的计算机，存储数量无法计算。而大脑这种无限的存储能力，就是由于这部庞大的“生化计算机”拥有无数相互联结的神经元网，在一兆脑神经细胞里面，每个单独的脑细胞都能在一瞬间联结最近的 1 万个以上的脑细胞。

大脑细胞有这么大的联结功能，为什么人不懂得去利用呢？法国的罗森·威（Rosen Wing）博士提出的研究结果早就指出，就算一个人的大脑每秒钟记10项资料，连续记100年，也用不到大脑存储空间的1/10。我们又何必担心头脑中装了太多东西，已没有剩余空间而拒绝学习新事物呢？我们现在要做的只是通过存储系统的“提示”“索引”，将数据从脑中提取出来罢了！

这个唤起“记忆银行”众多资料的“提示”“索引”，就是联结数据时的想象力、创造力与联想力。如果你能够完成这三种能力的开发、训练，拥有超脑力对你而言就将易如反掌。

3. 成为记忆天才的一条捷径

“记忆一旦与带有强烈情感的信息相结合，就可以烙在人脑上”。这是吉尔·奈马克描述记忆非常生动的一句话。奈马克表示，科学家如今才开始了解，带着情感的记忆是如何运作的，以及它为何具有如此功效。不管是正面还是负面的事情，都可以引起情绪的反应。

加州大学欧文分校的詹姆斯·迈克博士表示：“我们深信，人脑会利用人心理紧张、情感强烈时所释放的化学物质（激素），来调节存储记忆的强度。”

心理紧张时所释放的激素会引起明显的身体反应，如心跳加速、肌肉紧张等，同时也会把极为鲜明的影像印在脑中，这是有其作用的。至少下回有疯子挥舞着斧头要攻击你时，你立即知道该如何反应。

迈克和他的研究伙伴拉瑞·凯西曾做过一个关于“情感对记忆的影响”的研究。他们让两组学生观看12张幻灯片。这些照片描述一个男孩跟着妈妈穿越马路，或到医院去探望一个人的故事。通过这些照片，其中一组被告知一个相当平凡的故事：男孩和妈妈去医院探望做外科医生的父亲；另外一组看到的则是非常戏剧性的悲剧：那位男孩被车子撞伤，而外科医生则试图将孩子被撞伤的双腿重新接上。两周之后，在没有预先告知的情况下，再来测验这些学生的记忆。结果听到“悲剧性故事”的一组学生对照片内容的记忆远比前者好很多。

在另一项实验中，心理学家告诉被试者一些词，其中包括一些相当煽情的文字，如乳房、尸体和强奸犯。结果，受测者对煽情文字的印象远胜于中性的词。而更有意义的是，他们不但记得这些煽情词汇，而且还分辨得出这些词的读音，这表明他们对相关的细节有更敏锐的意识。

从教育工作者的观点来看，俄勒冈大学的教育学教授罗伯·席维斯则特别强调情感在教育中的价值。他说道：“情感在教学过程中非常重要，因为它可以加强注意力，而注意力则可以增进学习和记忆。”然而，我们从未真正了解情感，因此不知道如何在教学管理中使用情感。在现行的教学体制中，感情用事或多或少都被认为是不守规矩，或属于体育、艺术、度假和课外活动的范围。

我们通常善于衡量学生拼字的能力，而不理会他们的情感是否健康。每当教育预算紧缩时，首遭删除的教育课目总是那些较难衡量其效果的课程，例如美术课，而这些课程大都与情感教育有关。有些教学则将情感和逻辑推理加以区分，虽然可以使教学的管理和衡量更容易些，却因而丧失了它们一体两面的完整性和教学过程中一个重要的部分。

因此，在我们的学习和教育的过程中，应该让情感扮演重要的角色。原因在于首先，“边缘情感中枢”通往“智力皮质”的联系神经，比反方向的联结多得多。因此，在影响人类的行为方面，情感的力量远胜于逻辑。其次，我们已经了解，边缘情感系统的功用就像一部电话总机，将人体感官所接收的信息传送到思考皮质。然而，另外还有一条更快的通道，用以传送带有情感的且可能是具威胁性的信息，这些信息不是供人脑去思考分析，而是直接送到人脑中最原始的部位，以便采取本能性的反应。这也恰好解释了，为何人们听到自己曾经历过的痛苦或是可怕的情况时，双腿会不由自主地颤抖起来，或是当我们看见一条类似长虫的东西一闪而过，我们都会有直觉的反应，即使后来发现那只是一只无害的管子而已；我们在学习数学的过程中，也常有这种出于直觉的恐惧感。

因此，让学生知道如何控制自己的情绪非常重要。教导学生如何辨别、认识、控制情绪，应该列入每个学校的课程中。很可惜，事实并非如此。

此外，让情绪介入学习还有一个重要的意义。人脑对突如其来的危险具有强烈的辨识能力和快速的反应能力。然而对逐渐形成的危险，却没有很好的辨识力。人脑无法感受其迫切性，因此无法发生强烈的反应。这就是为什么面临资源减少、环境污染、都市破落、人口过剩、大量失业等威胁，人们很难引起重视并采取行动的原因。这些威胁不具紧迫性，形成过程都太缓慢，以致无法被人脑视为是对生命的威胁。如果我们要激励人们采取集体行动，就必须想办法把这些问题“迫切化”，特别需要我们的学生能够“感同身受”，因为如果他们这一代人不去设法解决，就得承担后果。

4. 成为记忆天才的一个要求

在这里，我还要郑重地向广大的爱好学习的朋友们提个要求，之所以把它放到最后，是因为它非常重要，希望大家引起重视。

前面已经讲过了大脑左右两个半球的工作原理。由于我们的习惯性思维，在日常生活和学习中，我们已经偏向于使用左脑，以致我们的左脑过度透支，它已经不堪重负，已经疲惫不堪了！我们“久违”了的右脑却是“满腔的热血，报国无门”。

学完了我们的“高效学习法”之后，希望朋友们要在日常生活中多加练习、多加运用。要坚持不懈地加以运用，一定要坚持！你学了这门先进的技术后，走出老师的课堂你就回到了你原来的生活圈子里。在运用这门技术的生活实践中，你的工作习惯和方式和常人会大有不同，此时，你必须做到“出淤泥而不染”，坚持做到“我行我素”。否则，你就会被大的环境所同化，最终你就会回到最初的原始状态。

因此，我们在日常生活中一定要跳出传统思维的怪圈，要改变我们的用脑习惯，在更好地运用左脑的同时，不失时机地给右脑以“用武之地”，更大程度地发挥右脑的巨大潜能！让我们大脑的两个半球和谐发展，相辅相成，共建和谐用脑环境。做好了这一点，我不敢说你就会成为21世纪的爱因斯坦，但是我能说你离成功已经不远了！

六、记忆的“二十七式太极”

俗话说，“工欲善其事，必先利其器”。我们做任何事情都需要一套很好的方法，记忆也不例外。在接下来的方法篇里面，我会向大家讲解我们的超强记忆四大法：锁链法、联想法、位置法、标签法，在后面的章节里大家可以详细地了解、轻松地学会，在此暂不作介绍。

关于记忆的方法，日本学者提出了“记忆法 100 种”，我国也有学者提出过几十种记忆法，下面我谈到的一些记忆方法都是源于比较古老的记忆技巧，但是都能满足现代社会的需求。有一些是我自己设计的，另外一些是属于大众广为传诵的一部分。我希望和大家一起分享后，能给大家带来很大的帮助和启迪。

1. 记忆体操

许多有超常记忆力的人，都有持之以恒的强记知识的习惯。例如，马克思喜欢背诗歌，他从少年时代起，坚持用一种自己不太熟悉的外语去背诵诗歌，日久天长，他的记忆力便越来越强；列夫·托尔斯泰有惊人的记忆力，别人问他原因是什么，他解释说是由于自己每天早晨都要强记一些单词或其他内容的知识。他说：“背诵是记忆力的体操。”

2. 朗读背诵记忆法

学习时一遍接一遍地念，直到熟读，这种方法叫朗读法，也叫诵读法。对诗词、外语单词等高声朗读，记忆效果十分好。但诵读要与背诵相结合，效果会更好。

例如，心理学家做过这样的实验：写出16个无意义音节，让被试者记忆9分钟，然后马上回忆。被试者中全部时间用于朗读的，当时只能回忆35%；1/5时间用于背诵的，能回忆50%；2/5时间用于背诵的，能回忆57%；4/5时间用于背诵的，能回忆74%。同样是对这些无意义音节进行识记9分钟，4小时后再回忆。全部时间用于朗读的只能回忆15%；1/5时间用于背诵的，能回忆26%；2/5时间用于背诵的，能回忆37%；3/5时间用于背诵的，能回忆37%；4/5时间用于背诵的，能回忆48%。

3. 覆盖关键部分记忆法

先用笔或纸盖住你认为难以记忆的内容，那些被覆盖的部分自然无法看见，而在读这些材料时，可以想出被盖的部分是什么内容。实在不能记住，则挪开笔或纸，反复几次，便记住了。

4. 最初、最后记忆法

心理学中有这样的实验：编出毫无意义的字词15个，定出顺序来按此顺序复述几次，每次都把记下来的打“√”，没能记住的打“×”。实验结果显示，差不多都在中间第七或第八个字词上打“×”较多。也就是说，最初和最后的部分较容易记住，中间的一些字句则不管重复几次都很难记牢。

5. 单侧体操记忆法

单侧体操记忆法，就是经常做左半身体操，充分发挥右半脑作用，以增强记忆的方法。

在前面讲到，左右脑的功能是不同的，大脑右半球相当于一个表象存储系统，主要记忆各种形象材料，如图形、闪光、音乐、震动等信息；大脑左半球则相当于一个字词存储系统，主要记忆语言、文字、抽象符号等。这两半球的分工不是绝对的，而是互相联系、互相配合、互相补偿的。

右半脑支配左半身，左半脑支配右半身。大部分人惯用右手，因此造成发展不平衡。下面介绍的单侧体操，目的在于加强大脑右半球的作用，以担负部分左半脑的功能。进行单侧体操，把两半球都利用起来，会收到惊人的记忆效果。

- 第一节，全神贯注地站立。左手紧握，左腕用力，曲臂，慢慢上举，然后逐渐还原。反复练习 8 次；
- 第二节，仰卧，左腿伸直上抬，将上抬的腿倒向左侧，但不碰床。再以相反的顺序还原。反复练习 8 次；
- 第三节，直立，左臂侧平举，再上举，头不动，然后还原。反复练习 8 次；
- 第四节，直立，身体向左侧卧，用左手和脚尖支撑，左臂伸直，使身体倾斜，呈笔直侧卧状。屈左膝起身，慢慢还原。反复练习 8 次；
- 第五节，俯卧，跷起脚尖，用手掌和脚尖支撑身体做俯卧撑。反复练习 8 次。

上述五节单侧体操每天应坚持练 1 ~2 次。

6. 交谈记忆法

和同学一起讨论最近记忆的知识，是最有效的记忆方法。谈话时，交谈知识的内容会使自己尚未扎根的记忆和没有自信的记忆，经过交谈变成确实的记忆，会更加牢固地印在脑海里。

不论是稍微模糊的记忆，还是很自信正确无误的记忆，都可以讨论。即使阅读相同的材料，由于各人的理解能力不尽相同，也许你的同学知道得更清楚；相反的，你很清楚的地方，你的同学也许模糊不清。因此，这种交谈能够补充彼此在记忆上的弱点。而且当我们要把知道的事情说出来时，会感觉到当初记忆时缺乏完整的整理，这些不足都可以从交谈中得到弥补。如果没有交谈对象，可以把墙面或其他物体看做喜欢听你交谈的对象。

7. 全脑记忆法

我们平时读书常常会有这样的体验：那些附有插图、图表之类图文并茂的书报，学习起来记忆就特别深刻。反之，阅读那些没有插图或图表的书报时，由于只使用词语进行逻辑思维，即只运用大脑左半球而右半球闲着，因此记忆就不如同时使用大脑两半球深刻。

这个道理告诉我们，在记忆时要改变只用词语进行逻辑思维的习惯，而应按照所学的材料或事物的内容同时进行形象思维。其方法就是像放电影似的在头脑里映现出一幅幅图画，这样就能同时使用大脑两半球进行思维。读起书来既轻松愉快，又增强记忆力。

8. 说汉语夹杂外语记忆法

讲汉语时适当插入外语单词或短语，是记忆外语单词的有效方法。

有人问："这是哪国的Production?"回答说："这里写着Made in China。"

由发音来记外语单词或短语的拼法，就会记忆深刻。习惯这种方法以后，就在日常生活中经常应用这种插入外语的记忆方法。但是，不要在一句话中插入太多的外语单词，否则，反而会使记忆的印象变得淡薄。另外，并不一定要从口中说出来，当我们走路或闲坐时，可以将头脑中想到的外语单词放在某一句话里，在默想中使用这种方法也具有相同的效果。

9. 强迫记忆法

当人们全神贯注地去记忆时，由于自身的惰性干扰、自我压抑、情绪波动干扰都能降到最低点，而潜在的记忆能力在冲破这些干扰、压抑之后，当然容易开发出来，于是记忆效率常常是平常的两倍，甚至是三四倍。我们应深刻意识到时间的宝贵，增强全身心进入记忆状态的能力。

10. 图表记忆法

图表记忆法是指将材料分别集中起来，放在图表中适当的位置上。往往是一张图或表格整理出来了，条理也清楚了，脑子也记住了。图表记忆运用范围广，类型多种多样，常用的有：

- 一览表：即站在统观全局的角度，对识记材料进行总览，掌握其相互关系以有利于全面记忆；
- 系统表：把识记材料系统化，便于通盘掌握和整体记忆；
- 比较表：即对识记忆材料进行比较和分类，从特征上掌握知识材料；
- 统计表：即把带有数据的识记材料制成表格；
- 关系图：即用简单的图示把知识之间的关系表示出来，以便于形象记忆；

●网络图：即用图示来突出知识各方面的关系；

●示意图：即把要记忆的材料图画化，画图时线条要简洁，立意新颖，用彩笔效果更好。

11. 谐音记忆法

所谓谐音记忆法，就是把有些知识按照其他同音汉字去理解，使原来无意义的音节变成有意义的词句，使之生动、有趣，收到意想不到的效果。用谐音法常常可以很有趣地记住某些历史年代。例如，马克思生于1818年，逝世于1883年，可以记成“一爬一爬，一爬爬上山”。

还比如，用谐音法记忆一次不等式绝对值的解集：

$|x|>a$，$x>a$ 或 $x<-a$

$|x|<a$，$-a<x<a$

可记作“大鱼取两边，小鱼取中间”。同时联想到吃大鱼只吃两边的肉，而吃小鱼掐头去尾吃中间。

又如物理中三个宇宙速度的记忆法：

第一宇宙速度：7.9km/s（吃点酒）

第二宇宙速度：11.2km/s（要一点儿）

第三宇宙速度：16.7km/s（要留点吃）

12. 归纳组合记忆法

凡是记忆任何一种拼音结构的外语单词时，都可以采用这种记忆方法。就是将某些“有共同的读音和相同的字母组合”的单词，按其词首或词尾加以归纳，以5~7个为一组进行排列。然后，由易到难进行筛选式的记忆。

以英语单词为例：

• 以 “ch” 结尾发 [tʃ] 音的单词：each（各自的）；lunch（午饭）；reach（到达）；switch（打开）；

• 以 “ter” 结尾发 [tə] 音的单词：letter（信）；winter（冬天）；writer（作家）；quarter（四分之一）；

• 以 “tion” 结尾发 [ʃə] 音的单词：station（车站）；education（教育）；revolution（革命）；production（生产）。

另外，如有人不按词尾或词首排列，也可以按单词中间相同的“字母组合”来排组，以字母“ee”为例：keep（保持）；meet（遇见）；week（星期）；jeep（吉普车）等，依此类推。

还有人在排组时结合同义词或反义词来记忆，效果也很好。例如，bright（光明的）；dark（黑暗的）；clean（清洁的）；dirty（肮脏的）；little（小的）；big（大的）；small（小的）；large（大的）等。

13. 重复记忆法

“重复是学习之母”，记忆是在反复中进行的，重复是同遗忘作斗争的最有力的武器之一。遗忘是记忆“痕迹”的淡漠或消失，重复可以加强大脑皮层的“痕迹”。重复学习不仅有修补、巩固记忆的作用，还可以加深理解。俗话说，“书读百遍，其义自见”，讲的就是这个道理。

采用这种方法，要科学安排重复的次数、间隔，以求得最好的效果。

14. 口诀记忆法

周恩来总理曾编了一个记忆全国省份的四句口诀，就连文化水平不高的警卫战士看过后也很快记住了。这个口诀是：两湖两广两河山；三江云贵吉福安；双宁四台天北上；新西黑蒙陕青甘（注：当时还未划分出海南省和重庆市）。

第一句说的是湖南、湖北、广东、广西、河南、河北、山东、山西；第二句指的是江苏、浙江、江西、云南、贵洲、吉林、福建、安徽；第三句讲的是辽宁、宁夏、四川、台湾、天津、北京、上海；第四句讲的是新疆、西藏、黑龙江、内蒙古、陕西、青海、甘肃。

学习化学首先必须记住常见元素的化合价，但是零零碎碎很不好记，如果编成口诀，就好记多了：一价钾钠氯氢银；二价氧镁钙钡锌；三铝四硅五氮磷；二三铁二四碳；二四六硫都齐全；铜汞二价最常见。

15. 听本人录音记忆法

一边听自己的录音，一边将相同的知识在心中默念或发出声音，就和共鸣的效果一样，会强化记忆。尤其是记外语单词，只是单调的发出声音，不如加上听觉的刺激。这样，能有很好的记忆效果。

16. 奇特联想记忆法

酸性氧化物中只有 SiO_2 是难溶的，其余都是可溶的。可联想记作：只有沙子（SiO_2）不溶；学习英语单词 good（好的）时，联想到 bad（坏的）更易于记忆；学了物理中的左手定则，便联想到右手定则是什么内容，这样更容易记住。

17. 分段学习记忆法

分段学习记忆法指的是把学习材料分为几个段落，记熟了一段后，再去记另一段。这种方法又可分为三种：纯粹分段学习记忆法、渐进分段学习记忆法和反复分段学习记忆法。

分段背，不急于一下子面对整篇课文，而是先看第一段有几句话，再把几句话分成几个层次，一层层地背，很快便攻下了第一段。接下来的段落也是这样：先看全段有几句，再按意义分出层次，一段段地背，又很快背了下来。这样分段推进、步步为营，心情越来越好，背得也越来越快。

分段学习记忆法适用于记忆较长的材料，有时也用于学习那些内容杂而多、意义联系少、机械而零散的材料。如人名、地名、历史、年代、英语单词等。

采用此种方法的好处是：化整为零，增强记忆的信心；化难为易，在记住一段后会获得成功的喜悦，启动记忆的积极性。

18. 限定时间记忆法

大脑也有惰性，但是当一个人面对有时间限制的记忆任务时，大脑就会自动地摆出“背水一战”的阵势——头脑的各种机能集中精力，为达成记忆目标而通力合作，这时的记忆效果极好。事情一旦到节骨眼儿上，人就会加紧鞭策自己。所以，当你发觉自己读书效率不高的时候，就可故意瞪着眼睛望着表针，限定时间进行记忆，必然会收到良好效果。

19. 结构记忆法

不少同学感到三角函数值难记，如果能从结构上把握某些特殊角的三角函数值，则好记多了。如0°～90°特殊角的正弦、余弦值（见下表）。

0°～90°特殊角的正弦、余弦值

α	0°	30°	45°	60°	90°
$\sin\alpha$	0	$\frac{1}{2}$	$\frac{\sqrt{2}}{2}$	$\frac{\sqrt{3}}{2}$	1
$\cos\alpha$	1	$\frac{\sqrt{3}}{2}$	$\frac{\sqrt{2}}{2}$	$\frac{1}{2}$	0

正弦值分母都写作2，分子从小到大；

余弦值分母都写作2，分子从大到小。

请同学们用结构记忆数理化数值并举例。

20. “五到”记忆法

在记忆时，要做到心、眼、耳、口、手配合使用，这样比单一使用某一器官的效率要高。

21. 提纲记忆法

当你面对很长的内容时，往往不容易记住。如果能列出一个提纲，按照标题和段落来分别记忆，就容易得多了。

22. 组块记忆法

心理学家研究发现，人的记忆广度为7+2，也就是说，给你一个材料让你去记忆，一般情况下，把这个记忆材料分成为7个左右的小材料去记忆，效果比较好。

23. 闭眼记忆法

有的人在记忆过程中喜欢闭眼睛，这样的效果似乎比较好。这和我们平时所说的“眉头一皱，计上心来”是一样的道理。人获取的信息80%来自于视觉，这决定了人的心理能量也大部分消耗在视觉上，当我们闭眼的时候，抑制了视觉，就把精力集中在了记忆上面。

24. 松弛记忆法

在记忆时，放松我们的大脑是有利于记忆的效果的，就像向大海中投入一块石头，激不起浪花，而向平静的湖面上投一块石头，则久久不能平静。所以我们要把记忆材料投入到“平静”的大脑中，这样才能记得牢。

25. 改错记忆法

改错记忆法，即对作业中出现的错误进行分析，认识错误产生的思维根源，加深对正确知识的记忆痕迹，强化记忆效果。

26. 比较记忆法

比较记忆法是处理数字的基本方法，分横比和纵比两种。横比是指把同类事物放在不同空间的比较，反映出事物间的大小关系。例如，太平洋是世界上面积最大的海洋，将它与另外三大洋相比，不仅可以看出它的面积是另外三大洋面积的总和，还可以将它与面积最小的北冰洋相比，得出它是北冰洋的 14 倍，这样就使同学们认识到了太平洋之“大”；纵比是同类事物在不同时期的比较，它可反映出事物的发展变化。如我国工农业增长等方面的数据，为了突出其增长幅度，常采用此法。

通过比较，从中找出一定量的关系。通常有下列三种情形。

第一，相等关系。比如：日本面积 = 里海面积 = 37 万平方千米；我国南北长度 = 黄河长度 = 5500 千米。

第二，等差关系。比如：6600 − 6300 = 6300 − 6000 = 300。

第三，数字间的巧合。例如，我国面积为 960 万平方公里，加上 30 万平方公里等于加拿大的面积，减去一个英国面积则等于美国面积；世界第三长河长江为 6300 公里，加上 100 公里为亚马孙河的长度，再加上两个 100 公里就是世界第一长河尼罗河的长度，而长江的长度减去三个 100 公里，便是密西西比河的长度了。

27. 形象记忆法

如讲黄河含沙量之“大”，可形象地说“一碗水半碗泥”；如讲我国西北某些地区气温日差较大，可不照宣课本数字，而用“早穿皮袄午穿纱，围着火炉吃西瓜”来形容。

第四章
锁链带给你的超强记忆

在了解我们的大脑和记忆规律后，从本章开始，我们将正式向你传授这门最先进和最专业的技术。在本章中你也会亲身体验到，你的记忆力是可以获得改善和提高的，同时通过这种改善，你的想象力与创造力将不断得到激发。

举例来说，假如我们必须到就近的超级市场买十几样物品，但是由于没有记忆方法，竟然无法把十几样东西买齐。于是我们可能会开始发愁，是不是随着自己年龄的增长，记忆力逐渐衰退呢？但是年轻是不是就能有好记忆力呢？未必。比如，打发孩子到超市买十件物品，他可能也只买了六七样回来，然后说："啊！我忘记了。"可见"遗忘"的精灵所纠缠的对象，并不因为年龄大小而有所不同。

现在你所需要的，只是正确而有效的记忆技巧和方法。

一、记忆锁链

超强记忆锁链法是根据右脑的潜能，将每笔资料像锁链般连接起来，使之环环相扣的强力记忆方法，因此又叫环扣法。

锁链法就是当你在记忆资料的时候，首先将你要记忆的资料转化成它所对应的图像，然后再将资料进行两两结合，环环相扣。这种方法是我们超强记忆法中最基础的一种，掌握了这种方法后，学习最复杂的记忆法也会易如反掌。

运用锁链法完成记忆工作之后，在回忆时只要你能记起第 1 笔资料，以下的资料无论是 10 笔、20 笔或 50 笔，乃至 100 笔资料，就像你抓住一个铁环可以提起一条锁链一样，你可以轻松记忆一大串的资料。也就是说，使用这条记忆锁链，你就拥有了记住大量资料的能力。

这个超强的记忆锁链法之所以有惊人的效果，就在于它充分运用了大脑潜在的图像、色彩、动感、空间感觉、轻松想象、兴味盎然的创造力等能力，强化了大脑关联皮质的联结，从而增强大脑的记忆功能。它借用了现实中的事物锁链原理，将前后资料进行环环相扣，而且运用此法的巧妙之处在于：当你在记第 3 笔资料时，它只要求你记住与第 3 笔前后紧紧环扣的两笔资料，不必再去花时间复习第 1 笔资料，因为你的第 1 笔资料是与第 2 笔资料紧紧相扣的，你提取第 2 笔资料的时候就能顺利地提取第 1 笔，第 1 笔资料与第 3 笔资料无关。这就大大地节约了你的记忆时间，减轻了你记忆资料的压力！但是一定要记住，当用锁链法记忆了5笔资料后就要对这5笔资料进行一次复习，依此类推，每记5笔复习一次！这样你才能达到牢记不忘的目的！

因此，一些平时很难记住的大量琐碎资料，都可以用这个方法轻轻松松地完成，而且会成为长期的记忆。

二、你在使用锁链记忆法吗

通过上面的介绍后，爱学习，喜欢思考的你肯定就会问：既然这条“记忆锁链”如此神奇，那么如何打造、建立这条“记忆锁链”？当然这必须要有正确的指导原则，以及正确的学习方法。

在介绍方法之前，先测验一下我们的记忆能力。下面是需要你记的15笔资料：

①牙签；②薯条；③老鼠；④气球；⑤蜻蜓；⑥手机绳；⑦钥匙；⑧指甲钳；⑨桌子；⑩衣柜；⑪衣架；⑫领带；⑬西服；⑭皮带；⑮像章。

给你2分钟的时间，你可以想尽一切你可以运用的方法去记，2分钟后停下来，然后将它默写下来（不可打乱顺序，顺序错就算错），并按顺序依次填入下表。

1	2	3	4	5	6	7	8	9	10	11	12	13	14	15

第一次你记住了多少、写对了多少并不重要。

现在，就让我来指导你如何打造一条精备的记忆锁链，同时，它也是开启你记忆金库的钥匙。运用我们的记忆锁链法后，同样给你2分钟的时间，奇迹马上就要出现了。不信，你就根据我的提示来试一下。

首先，充分开启右脑的想象能力。

①要保持轻松的心态来描绘脑海图像：运用想象力和创造力，让记忆对象鲜活起来。这时我们的脑海里所想的、所记的，已不再是一个个呆板的文字资料，而是一幅幅生动的图画。我们在脑海里看到的图像、画面要非常清晰，明确呈现出来；

②要采用夸张的手法：不要太平凡、太平淡，想象的事物越夸张、越荒谬，记忆效果越好；

③要采用放大的手法：想象的资料不要太小、太细微或被遮蔽，把它放大、扩充，以强化视觉记忆；

④加入动感与空间感，想象空间的存在；

⑤加入鲜艳明亮的色彩，让记忆多姿多彩；

⑥将抽象的概念具体化。

其次，资料转化为图像后要予以实践。

①图片要具体清晰；

②把各个分散的图片组合成一幅图；

③资料间环扣处的清晰度与记忆牢固度有直接的关系；

④在记忆过程中，可跳过已记过的事物。

如果我们能充分地发挥丰富的想象力和锁链串联的联想力，相信你在记忆资料的时候，一定能记得又快又牢，精确无比。

你可以按照以下提示来构建这条锁链：

①在你面前有一支很大很粗的牙签，这支牙签插入了一根薯条，牙签还有一半的长度露在外面；

②有一只很大的老鼠正用它的嘴巴死死地咬住薯条，由于嘴巴太小，你可以夸张地想象薯条卡在老鼠的嘴巴里面，它的嘴巴在流血；

③这只老鼠长长的尾巴上系着一个很漂亮的气球；

④气球上面停着一只很大的蜻蜓，快把气球压破了；

⑤蜻蜓的翅膀上挂着一根很漂亮的手机绳，都快把蜻蜓的翅膀压断了；

⑥手机绳下面挂着一个金黄色的大钥匙；

⑦金黄色的钥匙紧紧地塞在指甲钳的剪刀口处，你可以清楚地听到用指甲钳摩擦钥匙的响声；

⑧将一个指甲放在餐桌上，由于它很重，都快把桌子压垮了；

⑨餐桌的旁边紧靠着一个很大的衣柜，两者挨得很近；

⑩在衣柜里面挂着一个很大的衣架；

⑪在这个衣架上面挂着一条漂亮的领带；

⑫这条领带绑在一套名牌西服上；

⑬西服的口袋里面装着一条皮带，由于皮带很长，所以有一半还露在外面；

⑭这条皮带很漂亮，因为在皮带的一头还刻着一枚像章。

根据以上提示，你可以构建出如下的图片。

PIONEER

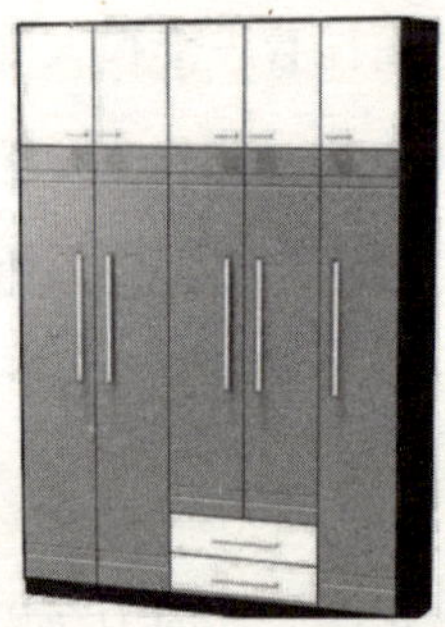

PRESIDENTS
PRIVATE
SELECTIONS
CLUB

这样，以上 15 笔中文资料已经在你的脑海里转化成了 15 幅生动而形象的图片。

接下来你要做的就是将这些图片资料进行两两相连，构成环环相扣的锁链。你要充分地发挥你的想象力，结合锁链串联的联想力，采用右脑图像记忆原理，把这些资料一个接一个，犹如扣环一般地锁住，开始进行联结。如下图所示。

这样以上的 5 笔资料就已经组成了环环相扣的锁链。然后再将这 5 笔资料组成一个整体。如下图所示。

以上是前5笔资料组成的锁链图，这条锁链很长，你可以继续添加。如下图所示。

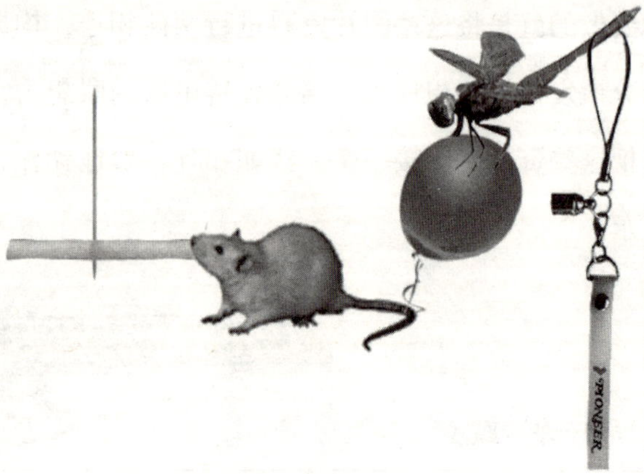

依此类推，你可以继续把你这条锁链加长。直到把要记忆的15笔资料全部都锁起来。但是你不要以为这条链只能记忆15笔资料，这条锁链可以不断地加长，你可以把要记忆的资料继续往下面“琐”下去。但是千万要注意，你必须每5笔资料进行一次复习！一定要保持环扣处的清晰。

前面在记忆以上15笔资料时，经过了两次测试。这时，我们就可以统计一下两次测试里正确的个数分别是多少，然后用第二次除以第一次，所得到的数字就是我们个人在运用超强记忆锁链法后，现场提升记忆力的倍数。经我们多年的调查，最低的是2倍，最高的是15倍。

当你运用右脑，将资料进行图像化后再记忆时，你会记得很轻松！此时，我们已经把上面这15笔文字资料转换成了一幅串联式的图像，增强了大脑记忆的功能，所以我们能更轻易记住要记的资料，而且可以现场提升记忆力2~15倍！

学完超强记忆锁链法后，我们将它与传统的记忆方法做一下比较。传统的记忆方法是采用累加、叠层、死记硬背的方式。例如，在我们记第3笔资料时，不但要去努力地记后面的资料，而且还要承受记住第1、第2

笔资料的压力，记第6笔资料时要承受记住前5笔资料的压力。依此类推，当我们记到第100笔资料时，要承受着记住前99笔资料的压力，可想而知，传统的记忆方法只会让人紧绷脑神经，且达不到我们想要的效果。

锁链法完全摆脱了传统的死记硬背的模式，我们只要记住与每一个环紧扣的下一个环就可以了，可抛开前面已经记过的资料。例如，当我们记到第3笔资料时，只须记住第4笔资料，无须记住前两笔及第4笔后的资料，这样一来无形之中就减轻了不少的压力，并节省了大量时间。因此，运用超强记忆锁链法，可以轻轻松松地记住大量琐碎的资料，增强学习自信心，提升工作效率。

三、“锁链记忆”有多少链

为了更好地运用锁链法，你必须借助下列要素来增强记忆效果。

1. 有效的联结

在学习我们的超强记忆法的时候，你必须要掌握“未知事物与已知事物联结”“不确定事物与确定不变事物联结”“前项事物与后项事物联结”的原理，这样你才能把要记住的东西牢牢地记住，进而记住成百上千甚至上万条信息，而造就出超级的记忆力！锁链法就是运用资料所转化的图像进行有效联结的最为典型的一种方法！

2. 环扣处的清晰

在锁链法的运用中，环扣处的清晰是最为重要的。锁链法的根本原理就是运用资料间的特殊的、有效的联结。在这里你必须要清楚地记住：前一笔资料与后一笔资料的环扣处一定要清晰。如果环扣处不清晰，就达不到环环相扣的目的，然后就造成你在资料提取时的困难。你一定要想方设法让环扣处清晰地保留在你的大脑中以便在需要时顺利提取。

3. 放松你的心境

美国乔治城大学的研究报告指出，在高压力下学习的学生，智商会降低13%，对学习、思考和记忆都会产生不良的效果。所以你必须学会放松，要知道，最佳的学习状态就是罗森诺夫指出的“身体处于完全放松，但心灵完全集中，大脑准备接收新信息”的状况。当你越轻松，就越有想象力；越有想象力，记忆效果就越好；你学得越多就越轻松，越轻松就学得越多，形成良性的循环。

4. 把图像夸张夸大

为了要让记忆印象深刻，你在想象的时候应将脑海中的图像尽量放大，以免因为图像太小而被大脑忽略。放大到极致的影像能让你脑中的眼睛看到细微之处，当你能“明察秋毫”并对前所未见的庞大影像感到震撼、新奇、有趣时，你就已经完成了一个相当正确而有效的影像记忆，大大有助于记忆的存储和提取。

举例来说，当你要记住“老鼠”这个资料时，你想象的老鼠不是一只躲在墙角或壁洞里畏缩的小老鼠，而是站立起来像人一样高的大老鼠，眼睛是血红的，尾巴在动，浑身发出恶臭，还盯住你看，让你感到恐怖；这只老鼠一定让你印象深刻，永记不忘。

5. 充分运用通感手法

通感就是各种感官知觉的融合。左脑掌管的五种感官知觉包括视觉、听觉、味觉、嗅觉、触觉，是属于身体五种器官对事物的知觉，通过眼睛、耳朵、舌头、鼻子、手及皮肤来接收信息，再将信息传输到大脑中去判别。

除了左脑的五种感官知觉之外，我们的右脑也有敏锐的感觉和知觉。跟左脑的五种感觉一样，右脑中也有视觉、听觉、味觉、嗅觉、触觉这五种感觉，虽然不是通过五官来知觉，可是却能通过想象来感觉。因为它是属于非器官的感觉，所以被称为“内在感觉”。

在增强大脑记忆的过程中，你不但要能看、能听、能摸、能闻、能尝，加强感官的灵敏度，还必须高度发挥你的右脑想象功能中的五至六种感觉。虽然它们是无形的，但它却能使你脑中的知觉有更加强烈的感受。

我们且举“苹果”“玫瑰花”“全麦面包”这三种资料为例。

①想象视觉化：虽然苹果没有在你面前，但你一定能通过想象，看到一个如小孩一般大、鲜红而又有点绿斑的大苹果，并且看得到苹果表皮光亮的色泽以及表面的一些纹路。同样的，你一定也看得到一枝像树一样高的红色玫瑰花，看到它的绿叶、带尖刺的茎以及沾在花瓣上的露珠。自然地，你也看到了一篮烤得焦黄的全麦面包；

②想象听觉化：打开你的大脑，你的耳朵仿若听到自己大大地咬了一口苹果，发出“咔”的一声。集中精神，你也听得到雨水打在玫瑰花瓣上的响声，以及面包店烤炉烘烤全麦面包的“轰轰”声；

③想象味觉化：开启右脑想象力，在你要记忆存储的资料中加进味觉，你就尝到了苹果酸酸甜甜的滋味，全麦面包的酥脆可口，以及玫瑰花茶甘甜的味道；

④想象嗅觉化：运用同样的方法，你就会如同嗅到了这样的味道：苹果的清香、玫瑰花的芬芳和全麦面包刚出炉，随着暖风飘到你的鼻端，使你感到肚子饿而垂涎欲滴的香味。

⑤想象触觉化：想象你的手触摸到苹果表皮光滑的感觉；手指轻抚玫瑰花瓣却被刺扎了一下的感觉；还有拿起全麦面包时油腻的感觉，都是如此真实；

⑥想象动觉化：也许你在这五种感觉之外，还可以加入位置或空间移动的感觉，而使感觉更加强烈。

6. 鲜艳的画面色彩

鲜艳亮丽、光彩夺目的颜色能够加深你的记忆层次，令记忆深刻，提取容易。因此多用彩虹的七种鲜艳美丽又简单的颜色：红、绿、蓝、黄、橙、紫、靛，或是金、银色来装点你要记忆的资料、装饰你的画面。比你使用黑、白、灰、粉红或花色等暗淡或单调、复杂的颜色的效果要好得多。

7. 让画面动起来

在基本记忆图像中加入动感，例如摇动、跳跃、飞驰、旋转、震动、挥舞、上升、握住、奔跑等动作，会大幅提高大脑皮质“联结”的功能，使平面的图像立刻变成立体的影像、形象。如果再加上有韵律、有节奏的动感，你的资料就更加容易记住了。

8. 激发兴趣

俗话说：“兴趣是最好的老师。”这个要素非常非常重要，要知道，孩子们记不住资料，十有八九是因为要记的资料过于呆板无趣、索然无味，那种题材的设计根本是在抹杀记忆力。有时则因为不少老师的教学方法十分刻板，“一板一眼”“一成不变”，把原来很有创意的教材也变得枯燥无味，让学生大大降低了学习的欲望与兴趣，记忆的效果自然不佳。

请记住，当你记忆资料时，你的想法必须充满张力，犹如酒斟满了杯子，弓绷紧了弦，枪弹上了膛，随时都可一触即发，脱颖而出。你记忆的影像是来自右脑的想象与创造，当然要摆脱左脑那种合乎逻辑但刻板无趣的思考，想象的东西越奇怪，画面越荒诞，情景越逼真，越不可思议、超现实，就越容易记住你想要记的资料。举例来说，如果你要把“钉子”和

“杯子”这两项资料联结在一起记忆，没有比将钉子穿过杯子这种特殊联想更容易记住的了！

9. 实物与象征

这里所强调的还是左右脑功能的不同，左脑掌管的逻辑思考是抽象、无意义的概念思考，因此不容易记住这些概念。你记忆时要用右脑形象化的功能，想出一个具体的实物或一个象征的符号，来代替一些抽象的概念。例如，用禁止进入的标志来代表“不”；用一位动作片明星来代表“勇敢”；用妈妈来代表“温柔”。如果把抽象的概念变成具体的实物或象征，就容易记住了。

10. 精神的专注

记忆力不好的重大原因之一是注意力分散、心神不宁、精神不集中。因此改善及培养超强记忆力的一个重要关键就是集中心力，专注在你要记的资料或事物上面。唯有你专注地去想象、联想、创造，你的记忆力才可能强化；相对地，当你训练出很强的记忆力时，你对任何事情和学习任何科目时也就会变得专心致志，心无旁骛。记忆力与集中心力这两种能力是辩证统一的。

11. 简单明了

思绪过于复杂也会导致记忆堵塞，如果你的思维杂乱无章，记忆档案柜里的资料无法迅速提起，就造成记忆效率低下。因此在想象要记住的事物时，首先要整理你的思路，你的脑海图像不要复杂混沌，要简单、清楚、明确，好让你的大脑清晰辨认，明确记忆。

以上 11 个增强记忆力的要素，都是根据科学理论归纳得来的。如果你学会并用熟悉了这些原则，开发出右脑的想象力、联想力、创造力（涵盖右脑掌管的图像、颜色、旋律、动感、空间感觉），进而与左脑所掌管的文字、数字、语言、逻辑、顺序等能力结合，你的左右脑皮质区间会迸发出一种全新的融汇的能量与活力，头脑将变得十分敏捷、清晰，大大缩短打通思路的时间，你的整体心智能力必定大幅度提升。这个时候，你早已经成为了绝顶聪明的超级学习者！

此时的你一定跃跃欲试了！

● 测验一：

假如你要购买以下物品：①水杯；②皮蛋；③皮鞋；④帽子；⑤衬衣；⑥发卡；⑦笔记本；⑧钢笔；⑨橘子；⑩行旅箱。用锁链法记忆以上资料。

你可以这样来组合图片：

①一个水杯里面放着一个很大的皮蛋，由于皮蛋实在是太大了，卡在了杯口处；

②你脚上的皮鞋踩到了一个大皮蛋，你可以清楚地听见皮蛋破裂的声音；

③你皮鞋上面放着一顶帽子；

④你的帽子上面有一只很漂亮的发卡；

⑤这只发卡卡在你的语文笔记本的封面上；

⑥你的笔记本里面夹着一支派克牌的钢笔，钢笔有一半露在外面；

⑦你的钢笔放在你的衬衣的口袋里；

⑧你的钢笔的笔尖扎在橘子上面；

⑨有一个体积很大的橘子放在一个行旅箱上面，都快把箱子压破了。

给你2分钟的时间记忆，然后把答案填在下表中。

1	2	3	4	5	6	7	8	9	10

• 测验二：

用锁链法记忆以下 20 笔资料：

①南瓜；②企鹅；③梯子；④模特；⑤房顶；⑥轮船；⑦红薯；⑧凉鞋；⑨筷子；⑩台球；⑪电视；⑫镜子；⑬洗发水；⑭剪刀；⑮蚊子；⑯花露水；⑰说明书；⑱词典；⑲椅子；⑳小花猫。

给你三分钟的时间记忆，然后将答案填在下表中。

1	2	3	4	5	6	7	8	9	10	11	12	13	14	15	16	17	18	19	20

• 测验三：

用锁链法记忆以下 30 笔资料：

①果冻；②咸肉；③下巴；④水壶；⑤玉米；⑥熊猫；⑦棉花；⑧汽车；⑨公路；⑩电线杆；⑪站台；⑫电话亭；⑬宣传单；⑭橱窗；⑮玻璃；⑯伤口；⑰药粉；⑱花瓶；⑲鲜花；⑳苍蝇；㉑饭团；㉒蚂蚁；㉓木头；㉔体操；㉕房间；㉖窗帘；㉗美人鱼；㉘游泳；㉙大海；㉚帆船。

给你 5 分钟的时间记忆，然后将答案填入下表中。

1	2	3	4	5	6	7	8	9	10	11	12	13	14	15
16	17	18	19	20	21	22	23	24	25	26	27	28	29	30

第五章 联想，带你到超记忆时空

在上一章学了超强记忆的锁链法后，在本章我们将继续向大家介绍另一种神奇的超强记忆法——联想法。这种方法是超强记忆法中最重要的一种，在其他几种方法之中，都可以看到联想法的影子。

爱学习的朋友们，你准备好了吗？相信你从锁链记忆法之中已经收获不少。现在你对你的大脑能提高记忆力已经信心十足了，如果你想获得更大的进步，请认真往下看。

一、你会联想吗

学习联想法之前，我们首先来了解一下什么是联想，生理学家巴甫洛夫认为，联想是由于两个或两个以上刺激物同时地或连续地发生作用而产生的暂时神经联系。联想是在头脑中从一事物想到另一事物的心理活动。联想与记忆到底有什么样的联系呢？美国心理学家威廉·詹姆斯说：“一个在脑子里的事实与其他多种事物发生联想，就容易很好地记住。所联想的其他事物，犹如一个个钓钩一般，能把记忆着的事物钩出来。”美国著名的记忆学专家哈利·罗莱茵先生甚至说：“记忆的最基本规律，就是对新的信息同已知的事物进行联想。”因此，通过联想，我们每个人都能把已经输入大脑的材料连接起来，构成记忆的网络，并能从中抽取。

联想法在应用中，图与图不一定接触在一起，重要的是要你发挥想象，使图之间发生联系。联想法是利用右脑的创造能力，在资料与资料之间加入你自己的想象，让资料与资料产生关联，像是故事情节一样产生一张图，让我们可以轻松记忆并能依序提取。

人们日常的记忆只是像片段一样留在脑海里，而联想法就是可以将这些片段的记忆联结起来达到更加良好的记忆效果的一个工具。在记忆的过程中运用右脑的想象空间，再加上左脑的理性逻辑思维，这样使记忆更加有条理、清晰，更有目的性。对于记忆的主体来说，就更加得心应手了。

二、自己的联想体验

比如说，我们需要记忆以下 15 笔资料：①演唱会；②红馆；③拥抱；④警察；⑤大门；⑥男朋友；⑦伤亡；⑧治安局；⑨法令；⑩限制；⑪郁闷；⑫发帖；⑬谩骂；⑭感谢；⑮平静。

你可以进行联想，构成下面这样一个故事。

2003 年的某一天，一位当红的女歌星在香港红馆开个人演唱会。当时会场非常火暴，红馆当时座无虚席。在演唱会达到高潮时，一些男歌迷纷纷上台与那位女歌星拥抱，以致大门外的歌迷也非常激动，挤破大门而入，现场的警察迅速采取措施维护现场的秩序。然而，悲剧还是发生了，由于人太多，有很多人因为拥挤伤亡。其中包括那位女歌星的男朋友。事后，香港治安局拟订法令，限制那位女歌星近期在香港举行演唱会。很多歌迷知道后都很郁闷，纷纷在网上发帖表示支持女歌星，一些人还谩骂香港治安当局人员。那位女歌星在网上回帖给支持她的歌迷，感谢他们对她的支持，并告诫他们要冷静。

那么，这样一来，那 15 笔资料就已经通过发挥我们的想象力，联想成为了一个有情节的故事。故事读完了，15 笔资料你也就记住了。不信你试试。

在使用联想法的时候，我们可以将全身的感觉都融入其中，视觉、嗅觉、味觉、听觉、触觉都可以辅助你完成联想的过程。

我们再来做一个联想法的练习，其中包含的元素有：小熊、小白兔、老牛、狐狸、桥、森林，此外还有小熊笨拙的过桥动作、小白兔的蹦跳、老牛的慢慢悠悠、狐狸的狡猾、流动的河水、晃荡的小桥、石子掉下去砸到老牛的声音以及蜂蜜的香甜等。要记住这些元素，我们可以通过以下的联想将这些元素串在一起。

森林里住着小熊的一家，熊爸爸、熊妈妈和小熊。一天，熊妈妈把小熊叫过来，说：“小熊啊！今天姥姥病了，你帮妈妈送点蜂蜜去给姥姥。”顽皮的小熊说：“不嘛，妈妈，我还没玩够呢！”熊妈妈说：“小熊，你看妈妈今天也不舒服，姥姥今天生病了，需要蜂蜜调理身体，而且姥姥平时那么疼你，你去给姥姥送蜂蜜是应该的。”小熊想了想就答应了。

然后，小熊就按照熊妈妈指的路，一蹦一跳地向姥姥家走去，但是在小路上突然出现了一座桥，小熊以前从来没有单独过桥，所以很害怕。这时候小白兔走过来了，它看见小熊，就问小熊要去哪里。小熊说：“我要过桥，可是我不知道怎么过桥。”小白兔说：“这有什么难的，我过给你看看。”小白兔就一蹦一跳地过了桥，然后在桥对面向小熊招手：“小熊你快点过来吧，我有事先走了。”小熊也学着小白兔的样子一蹦一跳地过桥，可是它刚跳了一步小桥就不停地晃动，小熊吓得不敢动了，于是又停了下来。小桥晃动的时候有一个小石头掉了下去砸到了在桥底下睡觉的老牛，老牛被惊醒了，抬起头来说：“是谁吵着我睡觉啊？”小熊说：“对不起，牛伯伯，我想要过桥，可是又不知道怎么过。”老牛说：“不就是过桥嘛！这还不简单，我来告诉你怎么过。”老牛慢悠悠地走到桥边说：“看我的。”然后就慢悠悠地走过桥去。回头看了看小熊说：“你就这么过来吧，我先睡了。”小熊又学着它的样子去过桥，可是桥还是在晃，它又不敢过了。

所以，小熊又停在了桥边。

这时候，出现了一只狐狸，这是一个非常狡猾的家伙，它老远就看见了小熊，也看到了它手里的蜂蜜。所以它开始打小熊的主意了，于是就唱着歌走到小熊的面前说：“小熊，你怎么了，我可以帮你吗?”可怜的小熊说：“我不会过桥。”狐狸说：“不就是过桥嘛！过去就是了，有什么好怕的?”小熊说：“以前都是妈妈带我过的桥，现在我自己也不知道怎么过。”狐狸眼睛一转：“你可以抓住我的尾巴，我带你过去，不过你要知道这样可是很辛苦的，我是要一点辛苦费的。”小熊说：“可是我没有带钱啊!”狐狸笑道：“你手上不是拿了一罐蜂蜜吗?”小熊马上抱住蜂蜜说：“这是给姥姥的。”狐狸又说：“那你过不了桥，你姥姥也吃不到啊！把蜂蜜分一半给我就好了，这样你姥姥还有半罐可以吃啊!”小熊想想也对，只好给了狐狸半罐蜂蜜，狐狸心满意足地吃了蜂蜜，然后对小熊说：“你拉住我的尾巴吧！我带你过去。”于是小熊就拉着狐狸的尾巴过了桥。

故事到了这里也结束了，这个故事不是要告诉你任何道理或是让你从中学到点什么，只是很生动地告诉你运用联想法的尺度有多大。

所以说联想不要只停留在图像上，声音、气味、动作、感觉都是可以运用到我们的想象中的。在运用我们的视觉、听觉、味觉、嗅觉和感觉的同时，我们可以结合夸张、夸大、刺激和一些反逻辑的事物来加强记忆，锻炼右脑。

下面是10个不同的事物：①高兴；②两尺；③25；④理想；⑤课本；⑥老师；⑦铅球；⑧药品；⑨镜子；⑩右面。你能在极短的时间内将它们记住吗?

你可以编这样一段话来帮助自己记忆。

我“高兴”地一跳“两尺”高，身体在空中的时候突然想到，都

“25”岁了，还没有实现自己的“理想”，只好拿着“课本”去向“老师”讨教。可是意外发生了，一个“铅球”打在我的身上，老师急忙拿来了“药品”，过了一会儿，我在“镜子”前照了一下，“右面”的伤已经好了。

三、联想法有哪些

联想记忆法具体分为以下三种。

1. 故事联想法

我们日常生活都有流程，如起床、刷牙、吃早餐、上学上班等，这种日常生活的固定模式让我们很容易从起床联想到刷牙，联想到吃早餐，联想到上学上班。所以，若是记忆的事物有流程可循，或是我们可以创造出类似流程的联想，就能产生牢不可破的记忆链，可以从头记到尾，自然也能从尾记到头。

第一种联想是很多人都知道的故事联想。故事联想是最简单的联想，为什么简单呢？就像看电影一样，只要看过电影的剧情，就能回忆电影的细节。的确，电影的情节应该比书本的知识容易记，除了电影有声、光、画面外（听觉记忆+视觉记忆），丰富的故事更是快速记忆的关键。所以如果有一些资料要记住，不妨运用故事联想的方法，可以让我们的记忆更详细、更丰富、更有层次。

比方说今天你要记得买 CD；记住买白菜回家请太太煮；记住下午 5 点钟去蛋糕店取订好的蛋糕，送给朋友当做生日礼物。面对这些待办事项，除了拿纸和笔写下外，你可以编故事来记忆这些事情。例如，你可以想象你有个朋友出了一张 CD，今天要特别请他到家里吃蛋糕，还要请太太做一道好吃的白菜，庆祝他的生日。这样一来，经由自编自导的故事剧情——包含了CD、白菜、蛋糕——大家就比较容易记住这些原本独立无关的事物。故事联想的好处是只要有情节，就可以记住所有要记的资料。

做一个故事联想的练习：假如今天我需要你帮我买电池、马克杯，同时要记得到火车站帮我订下星期出差的票，怎么连贯成一个故事呢？我们可以做出下面的联想，比如，我的录音机用的电池快用完了，未雨绸缪，我就先到便利店买些电池。买电池时碰到一个朋友，所以就一起到咖啡厅用马克杯喝咖啡，然后朋友跟我说下星期一定要找机会买票坐火车去桂林看看。在这个过程当中，整个剧情包含了为什么要去便利店买电池，碰到朋友的过程中用漂亮的马克杯喝咖啡，然后朋友建议我买火车票去一个风景好的地方旅游。

做完这两个练习，有人会问："原本只要记住三四样东西，强记就行了，为什么要编出比这些资料还复杂的故事呢？"

问得好，在上面的故事联想练习中，故事本身其实比要记住三样东西复杂，但我们的头脑比较容易接受像电影剧本一样的流程，所以我们先连贯一些比较简单的资料或需要记的项目。另外记忆训练的好处在于，方法简单、过程一致，虽然目前只需记三四样资料，可是只要建立了好的基础，再用故事联想更多的资料都不是问题。而且这些资料如果重要的话，可以随着故事联想长期存盘，不像单纯的硬记那么容易忘记。

2. 相似联想法

当一种事物和另一种事物类似时，往往会从这一事物引起对另一事物的联想。把记忆的材料与自己体验过的事物联结起来，记忆效果会更好。比如，记忆外语单词就可以利用发音相似或意义相似来记忆。

先来看看"谐音"的联想。有些字讲出来的音跟别的音有些相关，例如，有位优秀的讲师叫“何景峰”，这个名字如果倒过来讲就变成“峰景何”（风景河），就像一条有漂亮风景的河，所以头脑很容易联想到名字的发音、谐音等。还有一位学生叫做“蔡喜慧”，顺着念没有什么谐音可以帮助记忆，如果倒过来念就赫然成了“会洗菜”，保证印象深刻、永难忘怀。

再来看看英文的译音，除了外文翻译谨守的“信、达、雅”外（翻译的三大工作原则，指的是要忠于原文，译文要通顺，用词要文雅），在翻译外文名词（姓名、地名、专有名词等）时也会因性别、职业、性格、特色等特征，设法译出最合适的“声音”。例如，我们听到一个人的名字，假定这人是很出名的美国电影明星汤姆·克鲁斯（Tom Cruise），相信各位都应该知道这号人物。而 Tom 的译音“汤姆”，也可以转音变成“他母”，再联想成“他”的“母”亲很美。因为想到他的母亲很美，而联想到他叫做“汤姆”，这两个联想会让我们更容易记住这个明星的名字。另外一个知名的美国人物叫做“基辛格”（Kissinger），光听中文译名就可能联想到这个人很有特色、很“性格”对不对？这也是译音的联想，我们也可以联想他亲吻（kiss）一个歌星（singer），是不是可以轻松地记住这个伟大人物的英文拼写了？因为听觉（声音）是重要的信息来源，如果可以第一时间运用声音联想做记忆存盘的话，学习不但更有效率也会更有趣。

各位知道 G8（八大工业国家高峰会）吗？G8 有哪些国家呢？各位屈指算来可能可以说出五六个，就算能一口气说出八国，多知道一种记忆 G8 的好口诀也值得。面对新的信息时，大部分人可能都是多看几次、多念几遍、多写几回，设法记住就是了。既然我刚刚才说了口诀联想的好话，不如现学现卖让各位瞧瞧。

口诀除了有节奏感外，也可以运用谐音、转音，例如 G8 国家的名字怎么记呢？G8 的国家包括俄罗斯、德国、法国、美国、日本、加拿大、意大利及英国，如果有些人对这些名单不是很清楚，就可以从每个国家的第一个字演变出来，变成“俄德法美日加意英”，然后可以用谐音或是转音来协助我们联想，比如“肚子饿的话（俄德法）每（美）日加一（意）鹰（英）”。意思就是肚子饿的话，每日加一只老鹰在饮食里。这是个很好笑的句子，但是使我们比较容易记住这八个国家的连接。相信这么顺口的口诀，加上一个肚子饿的人吃老鹰的画面，下回再提到有关G8，你一定能脱口而出这八国了。

歌词为了顺口起见，多半“押韵”，这也是一种对谐音的利用。例如“你问我爱你有多深，我爱你有几分，你去想一想，你去看一看，月亮代表我的心……”各位熟读《唐诗三百首》，唐诗除了意境优美（故事联想或图像联想），押韵的推动力也是功不可没。例如，“床前明月光，疑是地上霜。举头望明月，低头思故乡。”当然吟诗时，摇头晃脑（动作节拍）也能加强记忆。中文能押韵，英文也可以，例如，“one sun，two do，three tree”，one 听起来像 sun（太阳），two 很像 do（做），three 就很像 tree（树）。

有两所小学对低年级学生试验一种集中识字法，可以使学生在两天内认字2500个，完全可以独立阅读一般的书籍报纸。这种方法就是采用了相似联想记忆法，把字形、字音相近，能互相引起联想的字编成一组，比如，把“扬”“肠”“场”“畅”“汤”放在一起记，将“情”“请”“清”“睛”“晴”放在一起记。每组汉字的右边都是相同的，每组字的汉语拼音也有共性，前一组的汉语拼音后面都是“ang”，后一组的汉语拼音后都是“ing”，这样就可以学得快、记得准。

3. 对比联想法

提到运动你就会想到什么？根据每个人背景的不同，有人会想到健康，有人会想到运动伤害，有些人会想到奖牌等；说到游戏有人会想到欢乐，有些人会想到同伴，有些人则会想到没做完的功课；看到一朵花有人想到美丽，有人想到果实，有人则想到花开花谢。

无论是正面的、负面的、中立的联想，这些联想都是顺着文字的意义直接自然的联想。有时，当看到、听到或回忆起某一事物，往往会想起和它相对的事物。对各种知识进行比较，抓住其特性，可以帮助记忆。这就是对比联想法。

许多诗词和对联大多是对仗的。如杭州的岳飞庙有这样一副对联：青山有幸埋忠骨，白铁无辜铸佞臣。“有”和“无”是相反的，埋忠骨和铸佞臣相对。相传，这里埋着民族英雄岳飞的尸骨，后人由于痛恨奸臣秦桧阴谋害死了他，便用铁铸了秦桧夫妇的跪像放在墓前。只要记住这副对联的上句，下句凭联想就不难回忆了。

对于古律诗，我们往往感到中间两联好背诵，原因就是律诗的常规是中间两句对仗。对仗常用这种对比，如名句“两只黄鹂鸣翠柳，一行白鹭上青天”，又如唐朝诗人王维的《使至塞上》的中间两句：“征蓬出汉塞，归雁入胡天。大漠孤烟直，长河落日圆。”对比之处很多，由前一句可以很自然地联想起后一句。

联想记忆可以使我们的大脑更活跃，也会让我们的脑海产生创新意识，很多事业成功的人士为了提高自己的创造性思维能力，开发工作项目，就常常采用这种方法。人类自古以来都在试图开发自己的记忆力，并且总结了诸多有效的记忆方法，每个人都可以根据自己的实际情况，总结经验，加强学习，提高记忆力，丰富自己的“智力仓库”。

四、联想法的要素

为了要记牢事情，你的联想可以包含下列各项。

1. 多种感官

充分利用你的各种感官，能更好地帮助你发挥你的联想和想象力。心理学告诉我们，对各种感官的多种刺激，容易在大脑有关部位建立起多方面的暂时的神经联系，因而有助于记忆。

2. 动作

在任何一种增强记忆的影像中，动作会再度大幅提高大脑“联结”的可能性，因而记住事物。你的影像移动会形成立体的图像。再细分动作，让你的影像有韵律，韵律越有变化，它们就越突出，因而也越容易被记住。

3. 性感

在这方面每个人都有十分丰富的想象力，好好发挥吧！

4. 超现实

你的影像越好笑、荒谬、突兀，它就越是容易记住。和记忆好好玩一场吧！

5. 数字

编号使秩序与顺序原理更精确、有效。

6. 象征

用一个较有意义的影像去取代一个普通、乏味或抽象的概念，会增加记住的可能；或利用传统的符号，比如停止标志或灯泡。

7. 颜色

只要可能，便利用所有的“彩虹颜色”（颜色会流动，光彩夺目更好），以使影像更“多彩多姿”，因而更容易记住。

8. 秩序或顺序

与其他原理相结合后，秩序或顺序可以提供更快捷的参考，从而增加大脑“随时存取”的可能性。比如，由小到大、按颜色分组、分类存储以及按等级分类等。

9. 正面影像

大部分的例子都显示，正面而愉快的影像比较容易记住，因为它们使大脑愿意回想。某些负面的影像，即使应用了上述的所有原理，本身也很好记，却可能遭大脑封锁，因为大脑发现回想这样的影像是令人不愉快的。

10. 夸大

将所有影像的尺寸（大和小）、形态和声音加以夸大。夸大能加深对大脑的刺激，从而加深对记忆资料的记忆。

联想法是超强记忆四大方法中运用得最普遍和最广泛的一种方法，因为超强记忆的其他三种方法：锁链法、位置法、标签法都是利用大脑对图像的想象来刺激右脑这一原理，从而唤醒我们渐渐沉睡的超强记忆力，而对图像的想象力恰恰正是运用到了联想记忆的方法。所以，联想法几乎贯穿了整个记忆过程的始终。

测试，用联想法记忆以下 15 笔资料：①西瓜；②帽子；③猫；④桌子；⑤电话；⑥杯子；⑦石头；⑧鸽子；⑨喝水；⑩打架；⑪小男孩；⑫害怕；⑬号叫；⑭飞翔；⑮爬树。

给你 5 分钟的时间记忆，然后将答案填入下表中。

1	2	3	4	5	6	7	8	9	10	11	12	13	14	15

第六章 位置定位超强记忆

我们日常生活中，有过这样的经历：有一天晚上当你在客厅看电视的时候，突然停电了。这时你会很快地走到你的房间里，在一片漆黑中从你的抽屉里面找到打火机和蜡烛。对这种体验我们都不会感到好奇。但是从这件小事反映出一个记忆原理。你为什么能够在一片漆黑中很快地找到你需要的蜡烛和打火机？原因就在于你在需要这两笔资料时，马上就会在你的头脑中产生我们非常熟悉的蜡烛和打火机的图像，而这两笔很熟悉的资料又放在你很熟悉的一个空间位置里面，因此你能够很快地回忆起来并找到它们。那么，我们于是大胆地设想：假如我们把我们要用的资料在记忆之前先转化成其所对应的图像，然后再按照一定的规则放在预先很熟悉的空间位置里面，我们要用的时候就会很快地从先前的位置里面抽取出来。这就是我们在这一章要向大家介绍的超强记忆之“位置法”的原理所在。

位置法的神奇之处就在于：用此法记忆的资料可以顺背、倒背、抽背，对答如流。

一、选好位置

1. 在其位的优势

超强记忆之位置法，又名空间法。顾名思义，就是把我们想要记住的东西放在我们日常所熟悉事物的位置上去记忆，比如身体、车上的空间，办公室或家具的抽屉等都可以。这样就能方便我们去记忆日常所需的资料，如每天新学的英文单词，数字标签和较为简短的文字资料。在使用的时候，将所需记忆的资料放在特定的位置，并加以动感、色彩、空间感觉、夸张、夸大、反逻辑的想象和强烈的感受，这样就可以非常容易记住，并且记住了就不会忘记。在使用位置法的时候，我们可以随时抽取所需要的资料，无论是顺背、倒背，还是抽背，都易如反掌。

2. 如何创设位置

运用位置法的关键是创设位置。我们之所以能用位置法来记忆和顺利提取资料，就是因为我们对已知的位置很熟悉。我们把要记忆的资料放在这些很熟悉的位置中，在经过复习和加强，陌生的资料就会变得非常熟悉。同样，当你把资料放在先前创设的固定的位置时，还是要记得每 5 笔资料进行复习一次。

如下图所示，我们已经创设好了人体的 30 个位置。

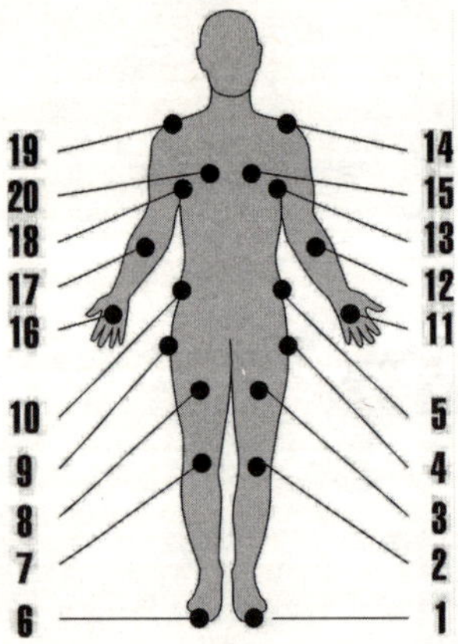

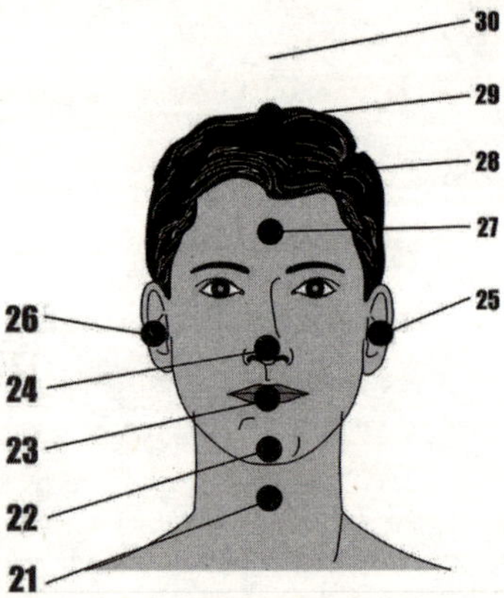

1. 左脚底心；2. 左膝盖；3. 左大腿；4. 左臀部；5. 左腰部；6. 右脚底心；7. 右膝盖；8. 右大腿；9. 右臂部；10. 右腰部；11. 左掌心；12. 左手肘；13. 左腋下；14. 左肩膀；15. 左胸部；16. 右掌心；17. 右手肘；18. 右腑下；19. 右肩膀；20. 右胸部；21. 脖子；22. 下巴；23. 嘴巴；24. 鼻子；25. 左耳朵；26. 右耳朵；27. 额头；28. 后脑勺；29. 头顶；30. 头顶上方。

上图是预先创设的人体的30个位置。我们在学习知识时，要灵活运用，能够举一反三。我们可以根据实际情况，针对自己熟悉的空间位置来创设更多的自己熟悉的位置，用来记忆更多的资料。比如说，你家里的卫生间、你的书房、教室等。

在以位置法记忆所需资料的时候，可以根据当时的需要来创造不同的空间。如果记忆的资料比较多，我们可以创造大一些的空间，如果记忆的资料比较少，可以创造小一点的空间。在确定所有资料的位置后，我们可以随时随地拿出来复习，当每一笔陌生的资料已经转换为大脑熟悉的资料之后，原本的位置空间可以再次循环使用。

二、位置法的应用

假定我们需要记忆以下的20笔资料：

①袜子；②沙发；③卷纸；④大象；⑤酱油；⑥小刀；⑦玫瑰；⑧肥皂；⑨烤箱；⑩照片；⑪苹果；⑫曲别针；⑬扫把；⑭钥匙；⑮冰箱；⑯可乐；⑰乒乓球；⑱黑板；⑲兔子；⑳咖啡。

现在我们不妨试着用最熟悉的身体来设定位置。为了便于记忆，我们以从左到右、从下到上的顺序来设定位置。例如，从左脚掌到左边腰的位置，从右边脚掌到右边腰的位置。

你现在可以这样运用身体位置来记忆以上资料：

①在我们的左脚掌上绑着一只漂亮的袜子，但是绑得太紧了，所以脚掌都被勒得很疼；

②顺着上来，在左边的膝盖上放着家里颜色艳丽而且最舒适的一张超大沙发，但是因为沙发太大太重了，所以压得膝盖都快直不起来了；

③然后在我们的左大腿上还缠着厚厚的一筒印花卷纸，在上洗手间或需要的时候，可以随时取用，但是因为卷纸太厚了，所以在走路的时候脚都快抬不起来了；

④在左边裤子后面的口袋里面，装着一只活泼可爱的大象，它在里面可以自由活动，走来走去，屁股后面总是被它弄得痒痒的；

⑤在左边的腰上挂了满满一瓶酱油，但是因为酱油瓶的盖子没有盖

好，于是酱油洒出来，差点把衣服都弄脏了；

（在使用位置法记忆的时候，每输入5笔资料，需要快速地重新复习一次，确定所有的东西都在指定的位置后，接着输入新的资料。这样就不至于记住了后面的资料，就忘了前面的内容。依此类推，再长的资料我们都可以轻而易举地记忆在大脑当中。）

⑥在我们的右边，一把小刀刺穿脚掌，血流如注，非常疼，疼得都快要流眼泪了；

⑦右膝盖上却长出了一朵鲜艳火红的玫瑰，花瓣上还沾着清晨的露珠，散发淡淡清香；

⑧右大腿上盛放着一块大大的肥皂，但是因为肥皂有点湿，滑溜溜的，所以洗手要用的时候总是抓不住；

⑨然后在右边裤子的后口袋里放着一只热腾腾的烤箱，屁股都被烤箱烤得差点烧着了，还火辣辣的疼；

⑩在右边的腰上贴着很大一张最亲密的人的美丽照片，每次看到照片，就会想起当初在一起的快乐情景；

（复习⑥到⑩的内容；前面我们用到了身体腰部以下的位置，接下来我们需要把更多的资料放在身体的其他位置去记忆。）

⑪在左手掌里抓着一个又红又大的苹果，并不时发出诱人的香味，馋得我们口水都快流出来了；

⑫在左手肘弯处放着一些曲别针，手臂一运动，曲别针就毫不留情地刺下去，非常疼；

⑬在左边的腋下夹着一把大大的扫把，可是扫把上黏了很多脏兮兮的东西，把我们腋下的衣服弄得又脏又臭了；

⑭一把很大的金色钥匙在左边的肩膀上使劲儿地插下去，然后肩膀都被插出很多血了；

⑮在左边胸口放着一只大大的冰箱，因为冰箱实在是太冰冷了，左胸口里的心脏都快冻得几乎停止跳动了；

（复习⑪到⑮的内容。）

⑯在右手掌里握着一瓶可乐，因为天气太热了，所以我们用右手把它打开，一口气灌了下去；

⑰在右手的手肘弯处放着一个乒乓球，因为一不小心，乒乓球被手肘弯给夹扁了；

⑱在右边的腋下夹着一块大大的黑板，因为在外经常忘记很多事情，然后黑板就成了我们的备忘录；

⑲一只顽皮可爱的兔子在右边的肩膀上跳来跳去，突然它恶作剧地撒了一泡尿在上面，还得意地冲你做鬼脸；

⑳在右边胸口放着一杯热腾腾、香喷喷的咖啡，嗅着它的香味，我们的疲劳一扫而光。

这样，我们运用位置法并辅以幽默夸张的想象力完成了20笔资料的记忆。现在，我们是不是感觉自己的大脑怎么突然间变得这么好使了？其实不然，之所以能取得这样的效果，是因为我们把要记忆的资料完全想象成一幅大大的图像，然后用位置法让它们分别锁定在各自特定的位置上。由于每笔资料都有其固定的位置，无论是顺背、倒背还是抽背，我们都能准确无误地说出来。

接下来我们再来简单地介绍一下头部的位置。之后的位置该如何去想象，就不一一举例说明了，在此仅简单地介绍它的位置所在。

第21个位置在脖子这里，可以想象一下，脖子上挂着什么，有什么感觉；第22个位置在下巴这里，想象一下，比如在你吃东西时，不小心在下巴留下点什么；第23个位置在嘴巴这里，想象一下，在我们的嘴里咬着什么，甚至咬到嘴皮都流血了；第24个位置在鼻子这里，可以想象一下，鼻子里塞了些什么东西，或者被什么东西弄得痒痒的，以至不断地打着喷嚏；第25个位置在左耳上，夸张地想象一下，像在电视上看到的那一幕，我们竟然能用左耳拉动一辆大卡车，太神奇啦；第26个位置在右耳上，想象一下，比如，右耳突然被蜜蜂蜇了一下，肿得好大，非常疼痛；第27个位置在前额上，我们可以想象一下，比如老虎是百兽之王，所以在它的前额有一个代表权力的“王”字的标志；第28个位置在后脑勺处，可以想象一下，后脑勺意外地遭不明物体撞击了，会发生什么严重的后果；第29个位置在头顶上，想象一下，头顶顶着个什么东西？比如说戴着一顶魔术帽；第30个位置是在头顶的上空，上空有什么呢？比如说一架直升飞机在上空盘旋，巨大的引擎声吵得你都快受不了了。

其实，位置法的用途十分广泛，我们可以把这个方法运用在任何我们需要的领域里，无论是学习、工作还是生活中。例如，你今天早上要去购物，你要买酱油、味精、书包、牙刷、笔记本、布娃娃、电风扇、杀毒软件、玫瑰花、床单等，你现在不用把它们写在购物清单上了，你可以把它们都放在你的身体的各个位置。你到了商场就不会落下你先前想要买的东西了。这只是一个小例子，希望大家能够灵活运用、举一反三。位置法还可以很好地运用在中学各科知识的记忆中，在后面的章节中会继续讲到。

通过位置法的运用，不断开发我们的右脑潜能，我们处理图像的能力会变得越来越强，然后结合自身的练习方式，进行各种持续的练习过程，我们将变得更加聪明！

三、位置法的要素

位置法是利用大脑对空间的灵敏度来记忆。记忆资料的时候一定要想象空间立体的感觉，感觉越强烈，记忆越牢固。如果想象一张照片，效果会打折扣。

在你继续学习下几章中所述的记忆法时，你会了解你在心中所营造的图像，务必只能包含你想记住的事物，同时这些事物、文字和主要记忆影像与你所要记的事物间有关系，且关系要尽可能简单。

这项原则或许可依下述方法达成：

①将资料串联起来；

②将资料折叠起来；

③将资料塞在里面，并露出一部分在外面；

④将资料彼此替换；

⑤将资料放在一起；

⑥将资料绑在一起；

⑦让资料和你对话；

⑧让资料舞起来。

第七章 “标签”让你记忆提高百倍

俗话说：“学无止境。”这说明我们在学习上都应该是不满足的，爱学习的朋友学了前面的三大记忆法后，一定还要认真地学完最后的一种——标签法。这种方法和位置法有异曲同工之妙！

一、诀窍就是这个数字标签

1. 数字标签原理

超强记忆中的数字标签法，是将一系列的阿拉伯数字贴上预先规定的图像及对应的中文文字标签。当你要记忆资料时，可以将固定的数字标签贴在你要记忆的资料上，然后使要记忆的陌生资料与数字标签所对应图像进行有效地联结，进行画面组合。此时，可以说又运用到了锁链法的原理。提取资料时，先回忆你的标签，再通过标签和你的资料之间建立的联结顺藤摸瓜，就可以提取你要用的资料。通过排列有序数字标签，你还可以清楚地知道第 1 笔资料是什么，第 2 笔资料是什么。此外，你还可以知道你所提取的资料所对应的顺序。

我们设定数字标签的时候，可以根据数字本身的形状（象形法）、谐音（谐音法）、数字本身的含义（字义法）及特殊的联想（联想法）。此时，可以说是运用了联想法的原理。例如，代表数字 2 的图像可以是鸭子或天鹅，因为数字 2 的形状看起来像只活泼的鸭子或优雅的天鹅；代表数字 8 的图像可以是眼镜；而代表数字 15 的图像可以是月饼，因为八月十五中秋节你可以联想到月饼；代表数字 16 的图像可以是石榴，数字 16 与石榴是谐音；代表数字 30 的图像可以是山林（谐音）；代表数字 9 的图像可以是猫，因为传说猫有 9 条命。

在设计这些图像时，尽可能使它们具有非常鲜明的视觉意象，充满色彩，并含有潜在的想象空间。它应该是使我们轻松愉快地就能够记住的事物，可以打破思维界限，产生与资料相联结的图像。因此，标签法同时也运用了基本的记忆原理：联想法和锁链法。

不管用的是什么方法，你要做的就是必须将数字转化成有意义、形象化的图像。数字所对应的图像越形象具体就越好。比如说，14 所对应的是医师，你就可以将这个医师具体化，你可以把他记成你身边的一个很熟悉的医师。

数字所对应的标签也可以根据你自己的实际情况来制定。你可以将你感觉不好记的标签换成你所熟悉易记的，但是你一旦规定后，就不要再换，规定好了之后，你今后看到了相关的数字就要马上联想到它所对应的图像，而且要将图像深深刻在你的脑海里面。一定要有这个意识，因为在前面的章节中提到：你的大脑对图像最敏感。此时，你就是在用你的右脑记忆资料。当然开始可能还不是很习惯，没关系，你记熟并用好了之后就习惯了。

运用标签法来记资料的第一步就是牢记数字所对应的标签。对标签一定要非常熟悉，你越熟悉就用得越好，记忆资料也就越快。

2. 标签和图像

在此，我已经设计好了 1～100 和 000～09 的数字标签和所对应的图像，希望大家牢记。

大树

鸭子

米老鼠

4

吉普车

5
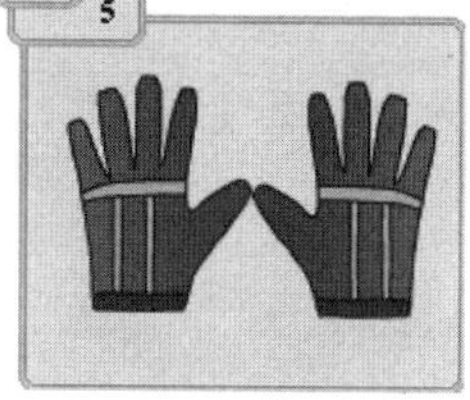
手套

6
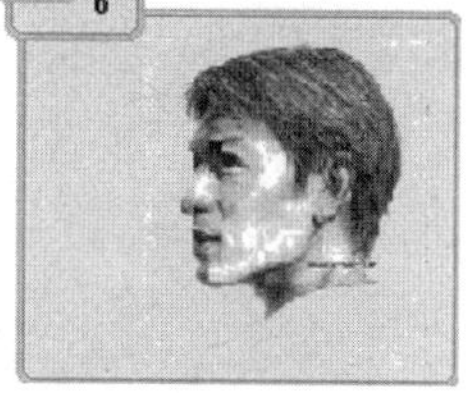
刘德华

7

手枪

8

眼镜

9

猫

10
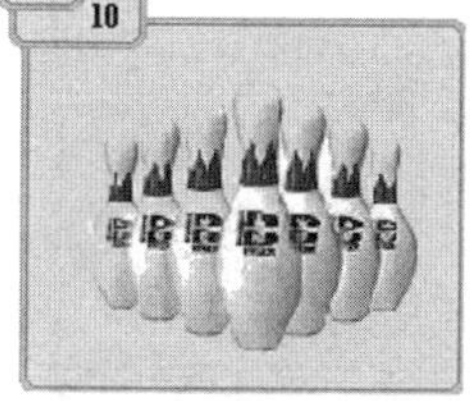
保龄球

11
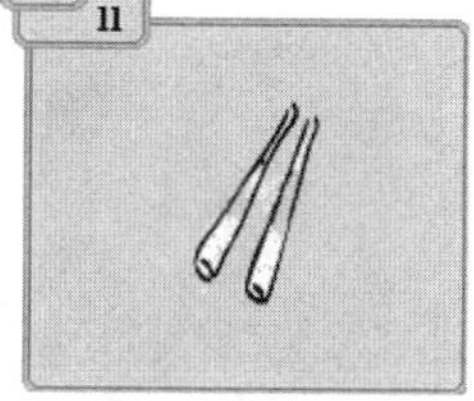
筷子

12
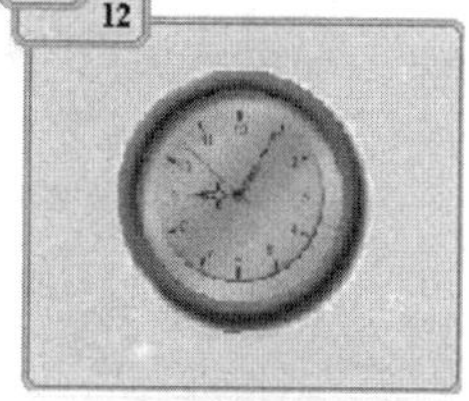
时钟

13

巫婆

14

医师

15
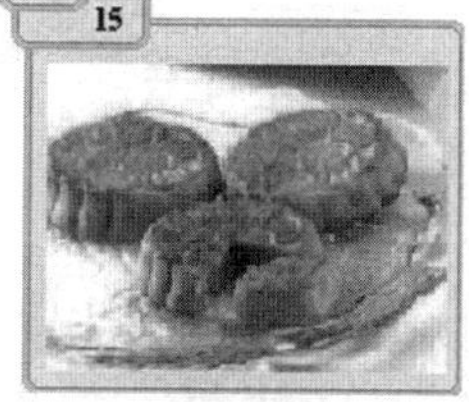
月饼

16
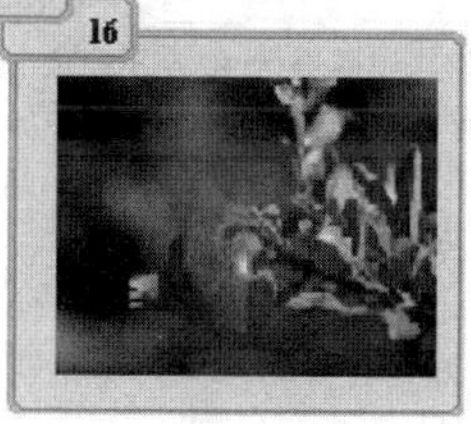
石榴

17
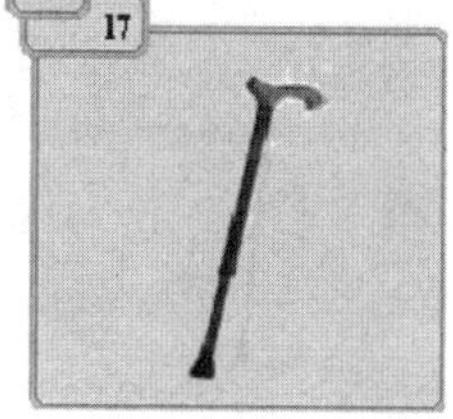
拐杖

18

身份证

19

狗

20
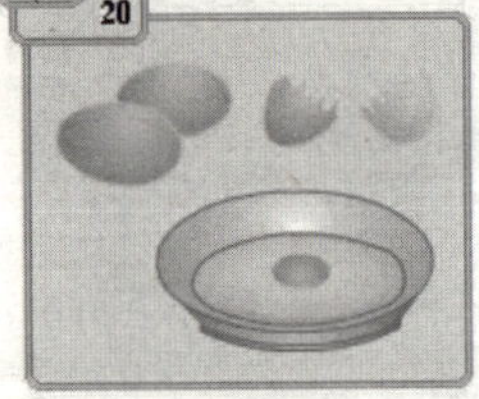
鹅蛋

21
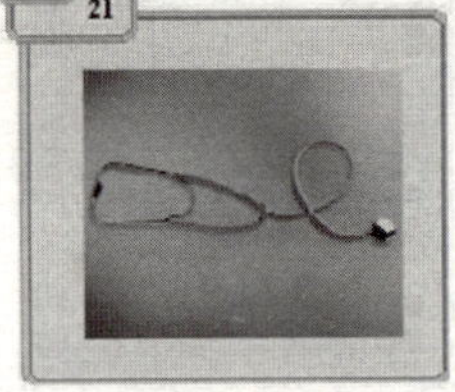
听诊器

22
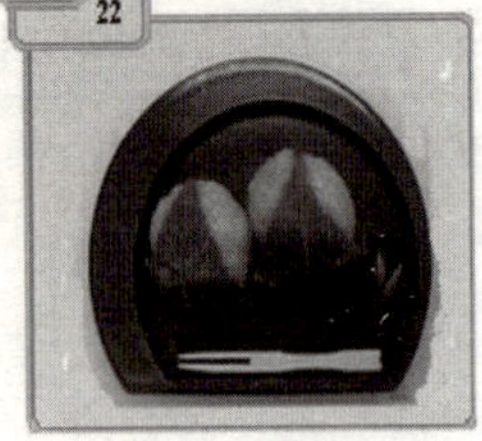
饭团

23
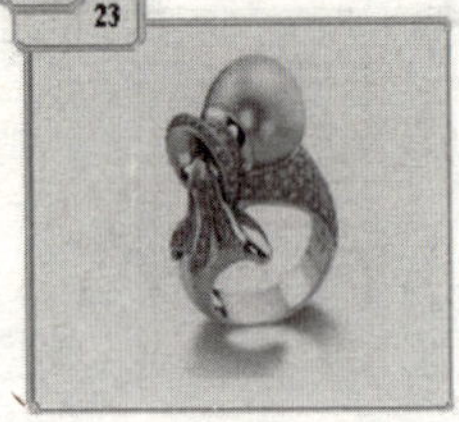
戒指

24

高跟鞋

25
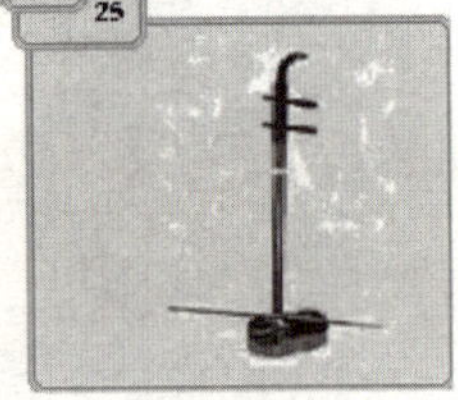
二胡

26

溜冰鞋

27

狮子王(恶妻)

28

玫瑰花

29
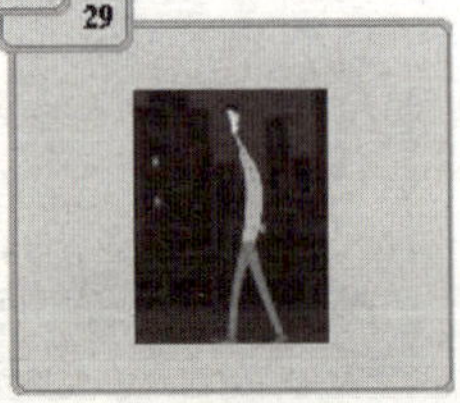
瘦子

30

孙悟空(山林)

31

冰激凌

32

汉堡包

33

马桶

34

手机

35
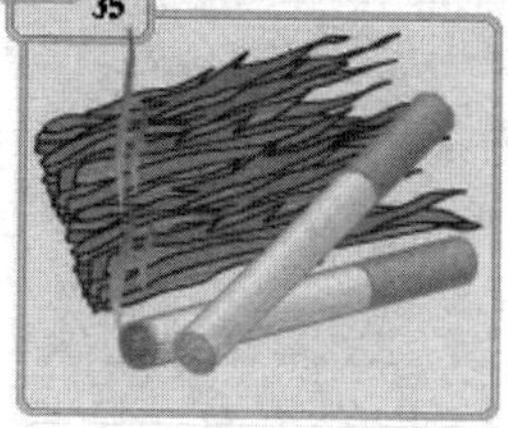
香烟

36
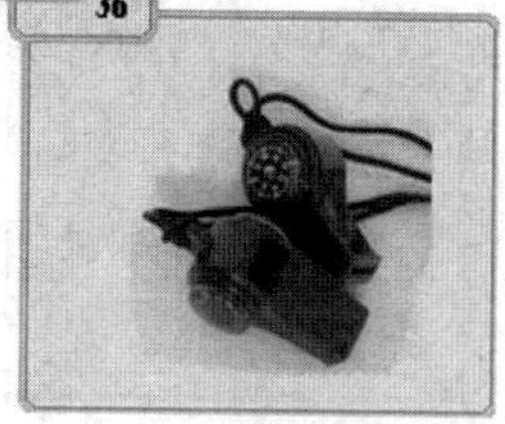
哨子

37

山鸡

38

鸟粪

39

辣椒

40

司令

41

死鱼

42
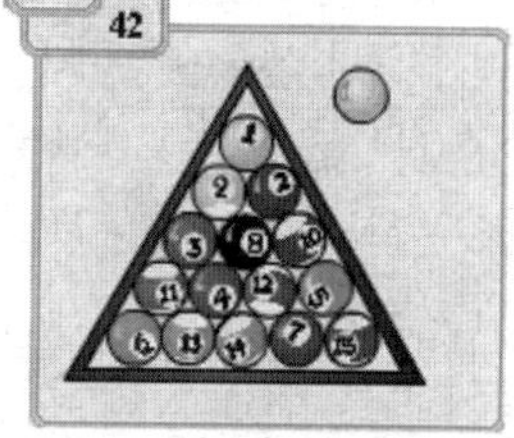
撞球

43
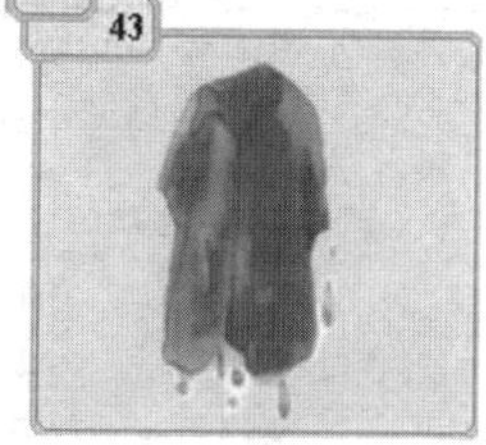
湿衫

44
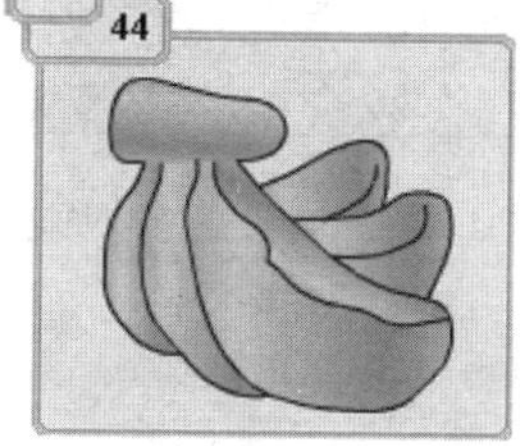
香蕉

45
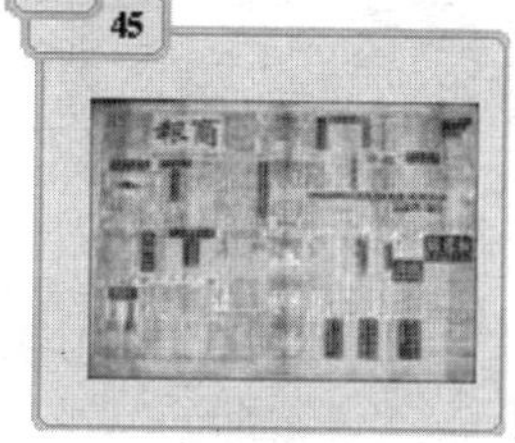
报纸

46

饲料

47

司机

48

丝瓜

49

咖啡

50

酸柠檬

51
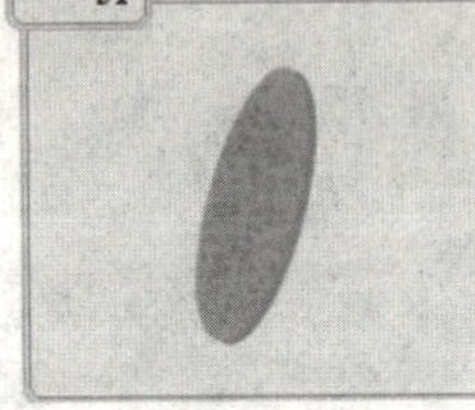
鱼卵子

52

吾儿

53
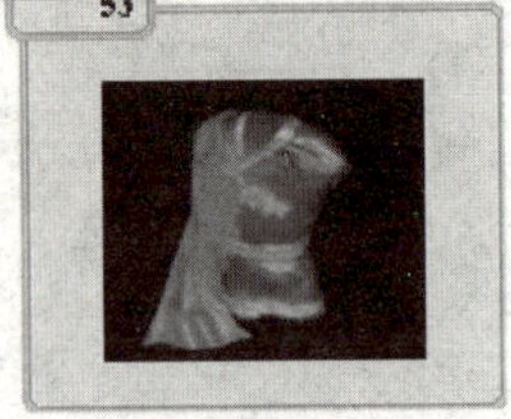
舞衫

54
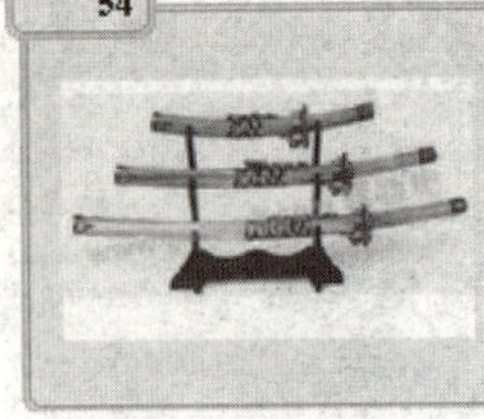
武士刀

55
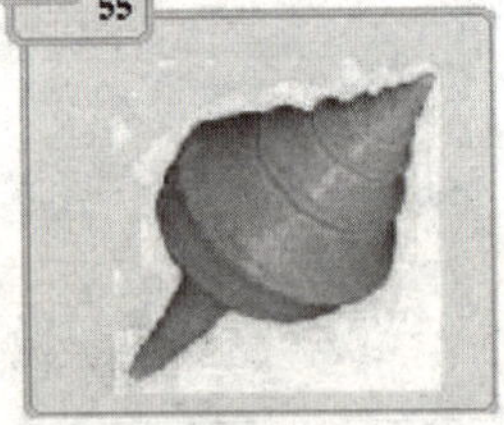
海螺

56
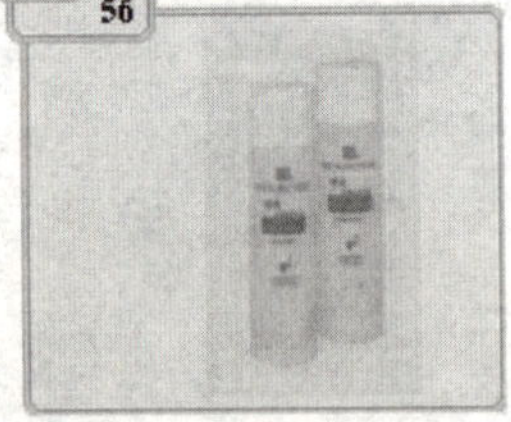
洗发水

57

大炮(武器)

58

孤儿院

59

穷光蛋

60

榴莲

61

牛医

62

牛耳

63
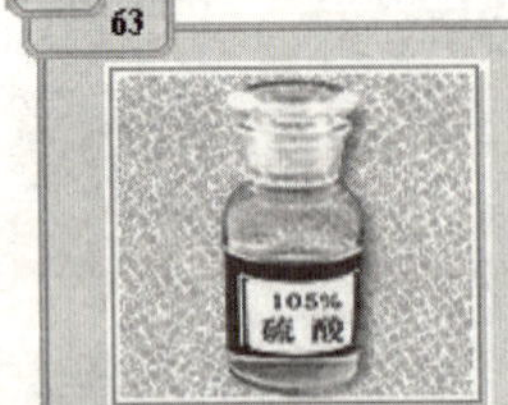

硫酸

64

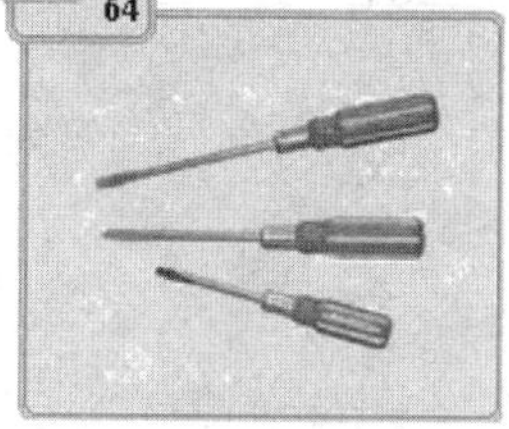

螺丝刀

65

尿壶

66

溜溜球

67

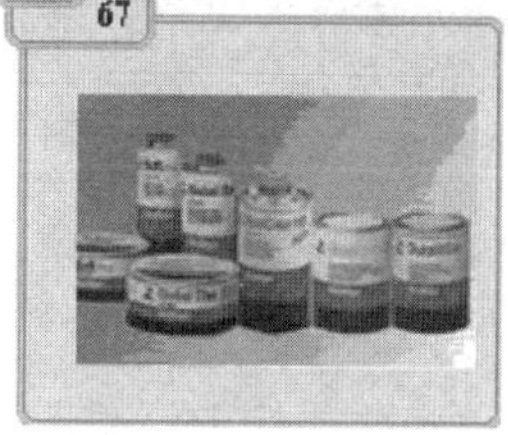

油漆

68

喇叭

69

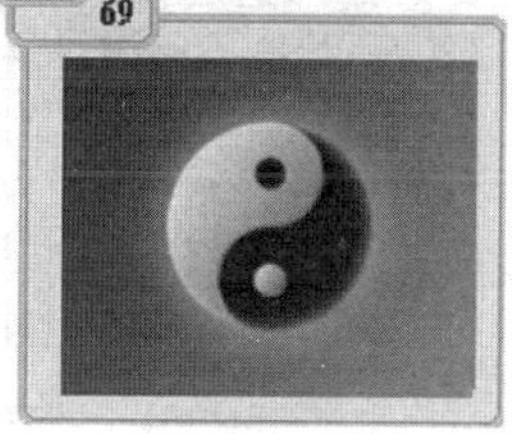

太极

70

麒麟

71

弃婴

72

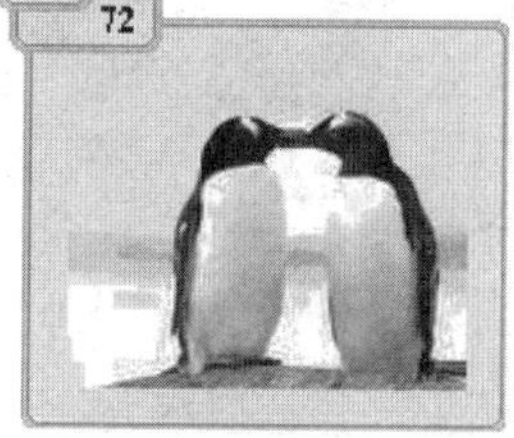

企鹅

73

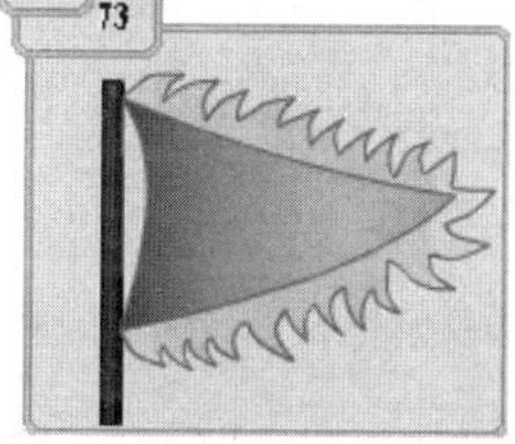

旗杆

74

骑士

75

骑虎

76

飞机(气流)

77

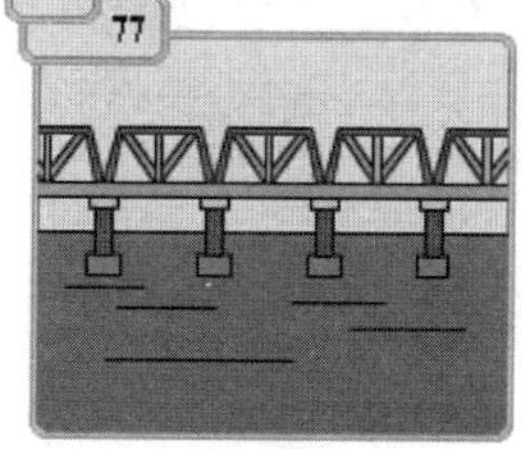

卢沟桥

78

青蛙(青发)

79

气球

80

巴黎铁塔

81

针筒(白衣)

82

白鹅

83

爬山背包

84

巴士

85

元宝(宝物)

86

芭蕾

87

白旗

88

爸爸

89

排球

90

酒瓶

91

旧衣

92

店小二

93

求神

94

求死

95

酒壶

96

酒肉朋友

97

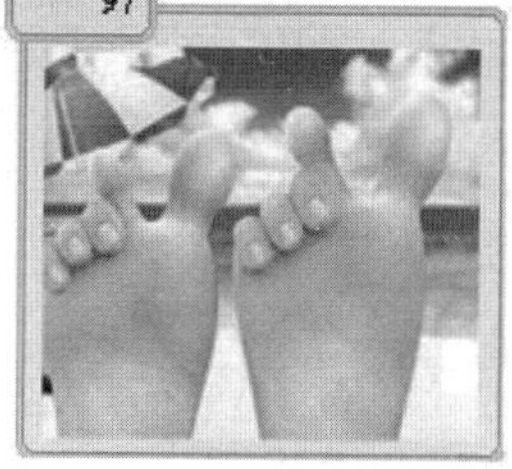

香港脚

98

酒吧

99

醉汉

100

超人

000

圣诞节

00

录音带

0

面包圈

01

人妖

02

脚踏车

03

闹钟(铃声)

04

大玉米(零食)

05

炼乳

骰子

情报员

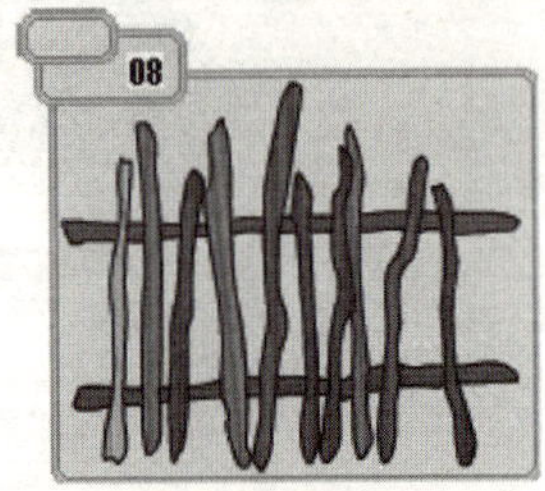

篱笆

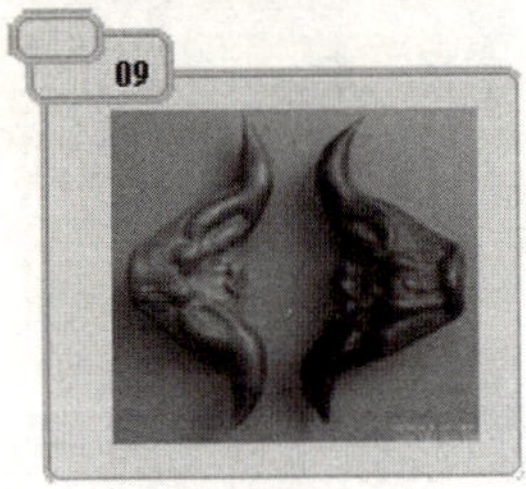

菱角

3. 显显身手

(1) 测试一

你记完上述前 20 个标签后，闭上眼睛在心里将 1～20 的数字标签按顺序想一遍。每想到一个数字，便将它与相对应的基本记忆图像联系在一起，可以用超强记忆原理，将图像夸张、夸大，并赋予颜色、动作、现场情景等效果。

然后，测试一下你的记忆效果，把你刚才记忆的前 20 个数字标签写在下表中。

1	2	3	4	5	6	7	8	9	10	11	12	13	14	15	16	17	18	19	20

（2）测试二

现在，有如下 30 笔资料要记，要求能按顺序背、倒背、抽背。

①流星；②花篮；③交响乐；④钥匙；⑤笔记本电脑；⑥牙膏；⑦信用卡；⑧富士山；⑨小提琴；⑩火锅；⑪面条；⑫领带；⑬针筒；⑭饮料；⑮复印机；⑯老人；⑰吃药；⑱澳大利亚；⑲太极拳；⑳思想者；㉑白大褂；㉒书包；㉓钻石；㉔假发；㉕乐谱；㉖爬山；㉗太空船；㉘花盆；㉙女孩；㉚水蜜桃。

要想将这些事物随便按什么顺序都可以记住，只要将它们与正确的数字标签基本记忆图像联结即可。如同运用锁链法、联想法时一样，使用增强记忆原理时，想象力越丰富，图像越夸张，效果就越好。以下是一些将资料与标签相结合成为图像的可能的方法：

①要想记住流星，我们可以想象满天的流星迅速往下坠落，都落在了一棵枝繁叶茂的树上，树上的每个枝叶上都缀满了闪烁的星星；

②要记住花篮，我们可以想象戴那只可爱的小鸭子背上背着一只大大的花篮，里面还装着姹紫嫣红的鲜花。可是因为太重了，所以小鸭子走路都已经很困难；

③交响乐是一个比较抽象的词，并非具体的事物，我们可以想象米老鼠在指挥一个庞大的交响乐团，弹奏出气势磅礴的交响乐；

④钥匙和吉普车联结，我们就可以想象在吉普车的顶上插着一把超级大钥匙，那钥匙的体积甚至超过了吉普车；

⑤要记住笔记本电脑，我们可以想象戴白色手套的五指之间有一个漂亮的笔记本电脑，笔记本电脑还打开着，正在输入资料。

接下来，让我们参照以上的例子，将资料和图像联结在一起。请你在 5 分钟之内，利用 30 个标签来记住你需要记忆的 30 笔资料，然后将答案写在下表中。

1	2	3	4	5	6	7	8	9	10	11	12	13	14	15
16	17	18	19	20	21	22	23	24	25	26	27	28	29	30

（3）测试三

再如，你要记忆下面15笔资料：

①蜈蚣；②金鱼；③牧师；④球拍；⑤太阳；⑥手机；⑦淘汰；⑧美女；⑨椅子；⑩雨伞；⑪笔记本；⑫迟到；⑬青春痘；⑭美容；⑮故乡。

记忆诀窍如下：

①你可以想象一只很大的蜈蚣躺在一棵大树上，都快把树枝压断了；

②你可以想象在你眼前站着一只很肥的鸭子，鸭子的嘴里塞着一条很大的金鱼，由于嘴巴太小，金鱼都快把鸭子的嘴挤破了；

③一个牧师正在看动画片，突然有一只米老鼠从电视里跳出来，还不停和牧师握手；

④你可以想象一只很大的球拍砸在了吉普车的前照镜上，把镜子砸破了；

⑤你要出去旅游，由于外面的太阳，所以你买了一双很大的手套防晒；

⑥在一个闹市街头，刘德华正在向大家介绍一款新上市的手机；

⑦当今社会，竞争激烈，如果你不参加超脑力的学习，就会被社会淘汰，就像被枪毙一样；

⑧一个还没有女朋友的男孩子正戴着度数很大的眼镜看一位很有气质的美女；

⑨一只懒猫正在椅子上睡觉；

⑩在一个下雨的早晨，你撑着你可爱的小雨伞在大街上走的时候，突然从空中掉下来一只很大的保龄球，把你的伞都砸破了；

⑪你记笔记的时候心情很烦躁，一气之下用一根筷子把你的笔记本给刺破了；

⑫由于你家里的时钟慢了，慢了10分钟，害得你上班迟到了；

⑬那个你曾经很讨厌的巫婆越来越丑了，因为她不知怎么回事，脸上长青春痘了；

⑭一个医师正在给一个女孩子做美容；

⑮每当在中秋节这一天吃月饼的时候，你就很思念你的故乡。

这样，以上的15笔资料都已经被你贴上标签了。在记忆的过程中，你一定要每记5笔复习一次。

给你3分钟的时间记忆，然后将答案写在下表中。

1	2	3	4	5	6	7	8	9	10	11	12	13	14	15

（4）测试四

用标签法记忆以下20笔资料：

①彩虹；②飞机；③南瓜；④婴儿；⑤演讲者；⑥眼睛；⑦火腿；⑧报纸；⑨新闻；⑩游泳池；⑪回顾；⑫淘汰；⑬可恶；⑭死亡；⑮歌曲；⑯牛；⑰红宝石；⑱典礼；⑲骨头；⑳火炉。

给你5分钟的时间记忆，然后将答案写在下表中。

1	2	3	4	5	6	7	8	9	10	11	12	13	14	15	16	17	18	19	20

（5）测试五

用标签法记忆以下30笔资料：

①古筝；②机器人；③算盘；④降落伞；⑤天空；⑥抢劫；⑦彩票；⑧偷窥；⑨楼房；⑩百合花；⑪松鼠；⑫硫酸；⑬国会；⑭津贴；⑮教授；⑯货车；⑰月亮；⑱星星；⑲吕洞宾；⑳口袋；㉑紧张；㉒饥饿；㉓订婚；㉔摔跤；㉕瞎子；㉖娱乐；㉗野生；㉘真情；㉙随风飘荡；㉚美丽。

给你7分钟的时间记忆，然后将答案写在下表中。

1	2	3	4	5	6	7	8	9	10	11	12	13	14	15
16	17	18	19	20	21	22	23	24	25	26	27	28	29	30

二、带你参观动物园——英文标签

1. 英文标签原理

超强记忆之英文标签法，与数字标签法相似，唯一不同的在于它不是用数字，而是用26个英文字母。英文字母所对应的中文资料是以这个英文字母作为开头的英文单词。其原理和数字标签的原理相同。

英文标签的用途主要是用来记忆英语单词。

2. 英文标签图片

由于英文标签所对应的中文资料里面有很多是动物图像，因此，给你展示英文标签的时候就好像是带你参观动物园一样。以下为26个英文字母所对应的标签图像。

A
apple(苹果)

B
bee(蜜蜂)

C
cow(母牛)

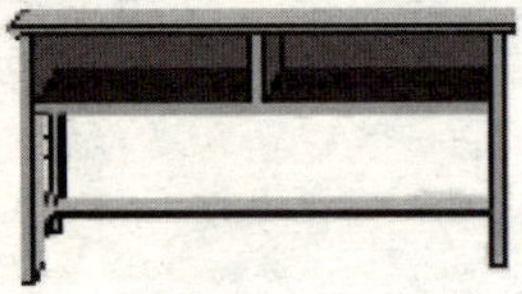

D
desk(桌子)

E
eagle(老鹰)

F
flag(旗帜)

G
gun(枪)

H
hat(帽子)

I
insect(昆虫)

J
jacket(夹克)

K
king(国王)

L
letter(信)

M
money(钱)

N
nose(鼻子)

O
orange(橘子)

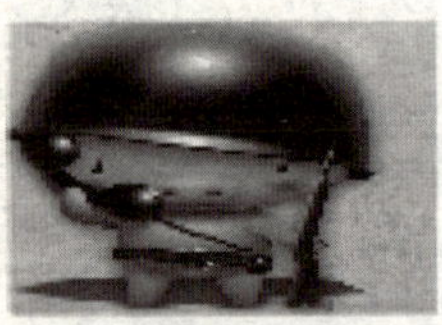

P
pig(猪)

Q
queen(皇后)

R
rabbit(兔子)

S
snake(蛇)

T
TV(电视)

U
UFO(飞碟)

V
visacard(信用卡)

W
wolf(狼)

X
X’mas tree(圣诞树)

Y
yacht(游艇)

Z
zebra(斑马)

以上是26个英文字母所对应的中文词标签，并且都有具体的图像可以在脑海中勾画出来，这样就有利于我们把它记住，因为它们都是我们平常可以见到或听说过的事物。比如：代表英文字母A的标签是苹果，我们可以想象一下A就是一个又红又紫、清香可人的大苹果；B的形状像极了一只可爱的小蜜蜂，它还不停地在你耳边嗡嗡地叫个不停；F就像一面随风飘扬的大大的国旗；G的形状特像一把手枪的手扣板处；I就像一只长长的大昆虫，在地上慢慢地蠕动；T就是电视，我们平时都叫电视为TV，这相信很多人都知道的；R倒过来就像兔子的两只耳朵，这样我们就可以想象R就是一只非常调皮的兔子；U很容易使人联想到“UFO”，即为飞碟的意思，这也是我们平时所熟悉的事物，我们就能很好地记住它们。

3. 英文标签之字母锁链法

这个方法非常实用、有效。它是锁链法与英文标签的完美结合。

现在我们不妨举例来说明一下。假定我们需要记忆英文单词，我们可以借助上面的标签来记忆。例如，“ditch”这个英文单词的中文意思是“沟渠”，我们可以运用标签将这个单词转化成一幅很有趣的图片。可以这样构建图片：沟渠旁边放着一张桌子，桌子上面有一只毛毛虫在爬行，不一会儿，它爬到了桌子上面的电视机的前面，电视机里正在播放动画片，动画片里有一头母牛，这个母牛很爱漂亮，角上面还戴着一顶帽子。

再如，“lantern”这个单词的中文意思是“灯笼”。你可以这样构建图片：你正提着一个灯笼在找一个信封，当你找到时它旁边放着一个又红又大的苹果，看见这个苹果，你忍不住用鼻子去嗅它，你的鼻子下面有一台电视机，突然从外面飞来一只老鹰，这个老鹰背上还有一只小白兔，看见这只可爱的兔子，你又忍不住用你的大鼻子去嗅它。

这样，一个很枯燥的单词就变成了一幅很有意义的图片，在这个有趣的图片里既有单词的中文意思（一定要把中文意思一起锁进图片里面），又有单词的拼写构成。我们只要清晰地记住这幅图片，这个单词的中文意思和拼写就搞定了！而且不会忘记！之所以有这样的效果是因为你在用你的右脑记忆资料！

字母锁链法很实用，也很方便。它大大地减轻了你记忆单词的压力，你不必再去死记那些枯燥无味的长串字母，你要记的是一张张生动而有趣的画面、图片。

用此方法记忆单词时，你一开始可能会感到不是很习惯，没关系，只要你坚持用下去，当用熟了之后，你会发现这个方法真的很有效！从现在开始，你就应该用它来记忆你的单词了，相信坚持不懈的你一定能成功的！

关于英语单词的记忆，在后面的章节会继续讲到，爱学习的你请听下回分解。

三、教你玩扑克牌游戏——扑克牌标签

魔术师和记忆力专家常常以他们能将整副牌按出现顺序记住的能力而使观众目瞪口呆、惊叹不已。他们同样也能毫无困难地指出一副牌中所缺的六七张牌而让观众赞不绝口。这些技艺或许看来很惊人，但运用你所学过的那些记忆法去记忆时，它们并没有那么难。

记忆扑克牌之前可以先做一个心理建设：将数字 1 和 F，2 和 N，3 和 M，4 和 R，5 和 L，6 和 J，7 和 K，8 和 O，9 和 P，0 和 S 做个一一对应的联结。这套方法也称为“基本法”或者“符号法”。

记忆整副牌的秘诀在于，将每张牌指定一个基本记忆图像，也就是为它创造一个固定的标签图。在找出每张牌的基本记忆“图像字”时，所需的只是每组花色的第一个字母及该张牌的号码。例如，代表梅花的“club”以“c”开头；代表红心的“heart”以“h”开头；代表黑桃的“spade”以“s”开头；代表方块的“diamond”以“d”开头。这个图像字的第二个子音则是基本法中代表该子音的字母。

以黑桃 5 为例，你知道它一定以 s 开头，因为它的花色是黑桃，而 5 在基本法中是由 L 所代表的。不需花许多力气便能找到代表黑桃 5 的图像字，即 sale（售卖）。如果你想找出代表方块 3 的图像字来，它一定以 d 开头，因为它是张方块牌，而最后一个子音一定是 M，因为数字 3 在基本法中是以 M 来表示的。将第一个母音填入后，你得到 dam（水坝），这便是

代表方块 3 的图像字。

记忆专家是如何“迷惑”观众的呢？答案很简单：每当一张牌出现时，他便把那牌和基本法中相对应的数字连在一起。

举例来说，如果第一张出现的牌是方块 7，你会将 deck 一词和基本法中的第一个词 day 连在一起。你可能会想象某艘船的整个甲板都沐浴在日光中，务必使你能尽可能闻到、看到、听到、碰到你的整个意象。要是第二张出现的牌是红心 A，你可以将纸牌的意象字——hat 和基本法的第二个词 Noah 连在一起。你可能会想象诺亚站在方舟上，头戴一顶硕大的雨帽，而洪水正以倾盆之势泼在帽子上，发出震耳欲聋的声音。你可以把自己想成是诺亚，感觉到洪水的冰冷，听到洪水泼洒的声音等。如果接下来的一张牌是黑桃 Q，你会将图像字——Satan 和第三个基本字 Ma 连在一起。你可能会想象自己的母亲在地狱的烈焰中，正和撒旦奋力争战着，尽可能多用动作、韵律、颜色和感官知觉。在记忆整副牌的过程中，利用基本法作为悬挂 52 样事物的挂钩，你会发现你无疑正在运用左脑所掌管的逻辑、分析、顺序与数字能力，及右脑所掌管的想象、颜色、韵律与知觉能力。从这几个例子中，我希望你能了解，不管一副牌以怎样的顺序出现，要将它们记住很容易。能在你的朋友面前表演这项技艺，会是件令人印象深刻的事。

你记忆纸牌的才能还可以更进一步发挥。请别人将整副牌随意念出来，留下其中的六七张不要念，不需多想，你便能指出这些缺的牌。有两种方法可以使你办到：第一种是运用以上章节类似的方法，每当念出第一张牌时，你便将该张牌的图像字和较大的一个意象，如先前提过的冰块，连在一起。当所有的牌都被念出后，你只将这些图像字想一遍，注意一下有哪些字未和圈套的记忆意象连在一起。如果，梅花 4 被念过，你可能会想象一辆车滑过一大块冰，或是陷在里面。你很难忘记这个图像。

另一种办法是在一张纸牌被念出时，将它的记忆图像字在某方面加以变形或改变。举例而言，如果念出来的牌是梅花K，而图像是一个像原始穴居人的棒子，你便可以想象那根棒子断成两截。又或者念出来的牌是红心2，而它通常代表的图像是一只普通的农场上的鸡，你可能会想象那只鸡有个很大的尾巴。

本节所描述的方法是记忆纸牌的基本记忆法，但要不了多久，你就会发现，在玩纸牌游戏时，像这样的记忆法大有帮助。你很可能看过有人一直重复念着他们已经打出来的牌，或是在别人手上的牌，而你很可能也看过，他们因为记不清楚而喟然叹息。

有了这套新的记忆法，这项工作会变得轻易而有趣，不论你将它用于严肃的纸牌游戏，或只是娱乐之用，当你在使用时都在锻炼你的创造性记忆力，并不断地开发大脑的潜能。

第八章
高效学习法之心智绘图

在前面的几个章节中，我们向大家详细地介绍了我们“超脑力高效学习”中的四大超强记忆法，我们称为“疯狂记忆”，也称做“超强记忆法”。学了这些课程后，我们已经将记忆提高了3~50倍，并提高我们的工作效率3倍以上。

根据专家的研究，除了少数特殊儿童外（高智商或智障者），一般儿童的智力都相差不多，而且人类的大脑潜能是极大的，用我们的大脑应付今天的学业，甚至事业，是绝对绰绰有余的。至于如何去善用我们的大脑，真正达到高效学习和工作的目的，有很多专家学者正努力研究，在这一章里，我们会给大家简单地介绍一下“超脑力高效学习法”的中阶主干课程——能够进一步大大地提高我们工作效率的一门全新的学习工具，它的名字叫“心智绘图”（Mind map），这种方法是由英国心理学家托尼·布赞（Tony Buzan）所发明的，用法很简单，5~105岁的人皆可学会。这是一门适用群体更为广泛的技术，它将更大地提高我们的学习和工作效率。

一、心智绘图的游戏规则

心智绘图，又叫做心智地图，心像图、心智图、脑图或思维导图，可以视之为一个树状图或分类图。它是由英国的学者托尼·布赞在20世纪70年代初期发明的。当年他被达·芬奇做笔记的方法所启发，加上科学家对人脑多年的研究成果，发明了这项全新的技术，至今已经被全球数百万人广泛应用于工作和学习以及生活上。

要学习“心智绘图”，首先要打破传统的观念，不要以为只有一行一行、规矩的笔记或文章才是好东西。其实人脑的思维就不是一行一行的，而是扩散式的，而且不单是文字，也包括图画、情节、颜色、音乐等。请先看看下面的附图，这怪怪的由中央扩散开不同分枝的图就是“心智绘图”了，这图就总结出绘画“心智绘图”的方法及规则。“心智绘图”虽然强调自由模式，突破框框，但也需要按一定的法则，才能发挥应有的效能，不致变成胡乱涂鸦。

绘画“心智绘图”的方法及法则如下：

①首先把主题摆在中央，主题一般用图画来代表；

②向外扩张分枝，近中央的分枝较粗，相关的主题可用箭号连接；

③使用“关键词”表达各分枝的内容（心智绘图目的是要把握事实的精粹，方便记忆，所以不要把完整的句子写在分枝上）；

④使用符号、颜色、文字、图画和其他形象表达内容；

⑤图像越生动活泼、越有趣越好；

⑥建立自己的风格（心智绘图并不是艺术品，所绘的图能助你记忆，才是最有意义的事）；

⑦工具方面，只要可画图的纸张（一般用 A4 纸或 A3 纸）及方便使用的颜色笔即可；若你懂得用计算机，这也是一种极方便的工具。

重画能使“心智绘图”更简洁，有助于长期记忆。同一主题可多画几次，不会花很多时间，但你很快会把这主题牢牢地记住。

看过这些规则，或许你仍感到未能掌握这种方法，所谓最佳的学习方法就是实践，现在就试试把你对孩子的看法，以分枝一层一层地绘上去，尽可能依上面所列的规则去画，相信很快你就能绘画出一张你对孩子的看法或期望的“心智绘图”，或许你还会发现很多你从未认真想过的问题浮现在这幅图上呢！同样，你的孩子若能把学习的主题放在中央，然后把所懂得的或所学得的相关知识，以你刚才的方法去绘画，他很快就能总结出所学到的东西，也能发现哪些东西尚未学懂，只要进行重点复习或查问，他（她）的成绩一定会大有进步。当技巧越熟练，它的效果就更佳呢！

下面是一幅很规范的心智图，给大家参考一下。

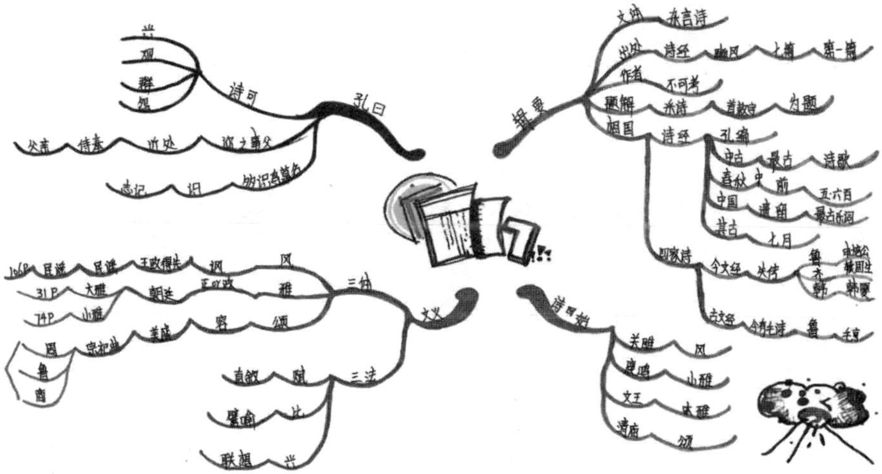

《诗经·七月》讲课要点

二、探寻“心智绘图”的奥秘

按照思维导图创造者布赞先生的说法，“心智绘图是一种新的思维模式。它结合了全脑的概念，包括左脑的逻辑、顺序、条例、文字、数字，以及右脑的图像、想象、颜色、空间、整体等。通过心智绘图，我们不但可以增强思维能力，提升注意力与记忆力，更重要的是，能够启发我们的联想力与创造力”。其实，简而言之，心智绘图就是一种开发你的思维潜力、提高思维能力的简单高效的工具。

我们知道，人类的大脑思维呈现出的是一种放射性的树状结构，而我们日常在总结这种思维时往往采取诸如“1、2、3、4”这样的直线形方式，相互之间没有关联、没有重点。而心智绘图则采取一种独特的画图方式，将你的思维重点、思维过程以及不同思路之间的联系通过垂直思考和水平思考清晰地呈现在图中。这种方式在处理复杂的问题时，一方面能够显示出思维的过程，另一方面可以很容易地理清层次，掌握住重点。

心智绘图的核心思想就是把形象思维与抽象思维很好地结合起来，让你的左右脑同时运作，将你的思维在纸上用图画和线条形成发散性的结构。而我们从生物显微镜上观察大脑时也会发现，我们的大脑神经也是一个由中心向外发散的网状神经元，大脑的思维也呈现出一种发散性的网状图像。心智绘图也正是这种大脑思维的真实体现。因此，从表现形式上来看，心智绘图和大脑本身的思维方式是统一的，是一种利用大脑语言思维的模式，而只有利用大脑自身的语言来思考问题才能最大程度地激发大脑的联想力与创造力。一张心智绘图就能使你的思维主次分明，逻辑清晰起来，更重要的是不会遗忘思维的每个环节。

从支持心智绘图的科学理论来看，最主要的就是创造性思维理论和回忆功能理论。我们知道，在绘制思维导图的过程中我们会使用不同颜色和线条。而颜色和图像能让你的大脑兴奋。颜色能够给你的思维导图增添跳跃感和生命力，为你的创造性思维增添跳跃感和生命力。而与此同时，心智绘图中和中心图像连接的不仅有主要分支，同时依次有二级分支以及三级分支，层次十分清晰。而由于你的大脑是通过联想来思维的，这些连接起来的分支必然会使你更容易地理解和记住许多东西。从上述的分析可以看出，心智绘图的发散性结构和清晰的层次实际上是创造性思维理论和回忆功能理论的一种体现。而对比单一、单向的文字性思维，由于思维比较单调乏味，经常导致大脑思维的中止。而如果用心智绘图这种大脑自身的语言去思维的话，大脑思维关闭的情况就不会出现。简单地说，心智绘图让你的思维模式转换成大脑自身的思维方式，这样与大脑进行对话自然就会变得自然和简单了。

通过上述分析可以看出，心智绘图之所以能增强人的思维能力，提升注意力与记忆力，启发人的联想力与创造力，除了有上述科学依据之外，最根本的依据还在于它是一种和你的大脑思维在表现形式、语言逻辑高度一致的思维方式，它还原了思维（大脑）的本来面目，从根本上带来了一场思维的革命。

三、你生活中的快餐

心智绘图提供了一个有效的工具，运用图文并重的技巧，开启人类大脑的无限潜能。此课程现在被全球数百万的学生以及上班族广泛应用于工作、学习以及生活上，成为国际公认最有效的学习方法，IBM、微软、甲骨文、惠普、波音公司、通用汽车、施乐、3M、强生、汇丰银行、高盛、摩根大通等世界著名公司已经将思维导图作为员工的必修课之一，大大提高了工作效能。

心智绘图是让你在一张纸上记录许多信息，并显示各种想法间的关联性。能够帮助你以360°的方式思考问题，并增加思考的弹性及灵活度。使用心智绘图记忆长篇资料、文章或书本都相当有效，可以在很短的时间内快速地掌握主要的内容，并做记忆处理。

1. 心智绘图的作用

心智绘图不仅仅可以在教学的过程中进一步加强它的应用，其实它在很多的方面都可以帮助我们思考和分析问题。心智绘图是一个不断在发展和完善的工具，同时它也是一门在不断精炼和提高的技术。关于它的作用，主要有以下几项。

(1) 笔记（阅读、课堂、学习、面试，演讲、研讨会、会议记录……需要记录要点时）

当接收信息时，用心智绘图作记录。将要点以词语记下，把相关的意念用线连上，加以组织，方便记忆。用心智绘图的好处是无论信息表达的次序如何，都能放在适当位置上。每个意念都是以词语表达，容易记忆。画心智图的过程中，可帮助了解及总结信息及意念。

（2）复习（预备考试、预备演说……需要加深记忆时）

将已知的资料或意念从记忆中以心智图的形式画出来，或将以往画的心智图重复再画出来，这能加深记忆。而心智绘图也能帮助组织意念，令意念更清楚。

（3）小组学习（头脑风暴、小组讨论、家庭或小组计划…… 需要共同思考时）

小组共同创作心智图时，首先由每个人画出自己已知的资料或意念，然后将各人的思维导图合并及讨论，并决定哪些较为重要，再加入新意念，最后重组成一个共同的心智图。在这过程中，每个组员的意见都被考虑，提升团队归属感及合作意识。共同思考时，也可产生更多创意及有用的意念。最后的心智绘图是小组共同的结晶，各组员有共同的方向及结论。在企业中达到团队沟通和协作的目的。

（4）创作（写作、学科研习、水平思维、新计划……需要创新时）

首先将所有环绕主题的意念都写下来，包括新的不可能发生的意念。不用理会对或错，然后休息，再将意念组织合并，重新画出心智图，但不要将不可能的划去。因为重要的意念可能有所改变，再休息让脑放松，这时候创意可能产生，然后将心智绘图改写。在这过程中，心智绘图帮助我们将大量的意念联系起来，产生新的意念，而且中心目标十分清楚。

（5）选择（决定个人行动、团体议决、设定先后次序、解决问题……需要作出决定时）

当有多个意念要求我们去选择及作出决定时，心智绘图可以帮助我们更全面及清晰地解决问题。首先将需要考虑的因素、目标、限制、后果及其他可行性，用心智绘图画出来，再将所有因素以重要程度或喜恶加权，最后尝试作出决定。

(6) 展示（演讲、教学、推销、解说、报告书……需要向别人说出自己思想时）

当我们需要向别人讲解自己的想法时，心智绘图可以协助我们在预备时清楚自己的构思，令我们演说更具组织性及更容易记忆。在演说时利用心智绘图可令听众容易明白演讲者意图，不用阅读长篇大论的文字。演说者也不用将预备好的字句读出来，令演说能更配合听众的需要，增加双方的交流。如果有发问时，演说者可灵活地在心智绘图上处理扩张，不会迷失在其他思路上，使演说者及听众对所讲内容印象更深刻。

(7) 计划（个人计划、行动计划、研究计划、问卷设计、写作、预备会议……需要行动前的思考时）

当我们要进行计划时，心智绘图可帮助我们将所有要留意的意念写出来，再组织成清楚、具有目标的计划。设计心智绘图时，是环绕主题思考，不会迷失方向。完成设计后很容易组织及书写出报告。别人阅读计划时很容易了解计划脉络，容易跟进。

心智绘图还有其他很多用途，只要能灵活运用，必定能产生奇妙的效果。

2. 心智绘图在企业实战应用中的主要内容

在我们“超脑力高效学习法”的高阶课程——“超越巅峰”中，我们还会讲到心智绘图在企业实战中的应用，其主要内容包括如下几方面。

第一，充分发掘人的先天思考模式，辅助科学系统的思维演练，使学员建立整体、系统思考的基础，提升大局观，提高思维效率。

第二，掌握系统的思维创新方法，掌握发散性思维和逻辑思维的关系，并学会分别应用左脑和右脑协调创新的技巧。

第三，通过训练使领导者能迅速而准确地把握问题的症结，并有效地进行问题的剖析与解决，使新型领导者能够改变习惯性思维定式，建立起持久合理的思维优势，自觉将管理创新应用于项目运营中。

第四，能力，解决问题能力，内部沟通效率，目标计划能力，演讲陈述能力。

第五，心智绘图企划训练。

第六，心智绘图发明新产品。

第七，心智绘图六顶思考帽的训练。

3. 心智绘图应用示例

(1)“过目不忘”读书法

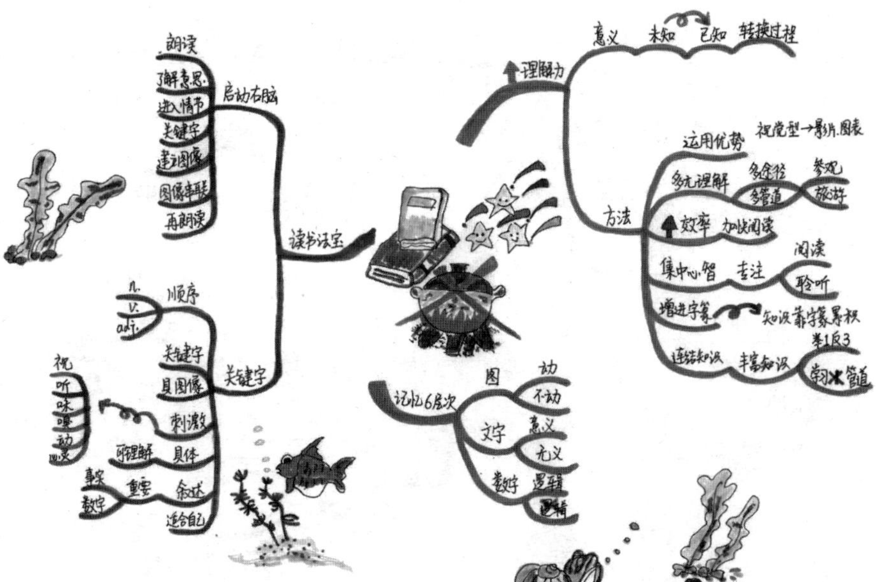

“过目不忘”读书法示例

(2) 英语应用

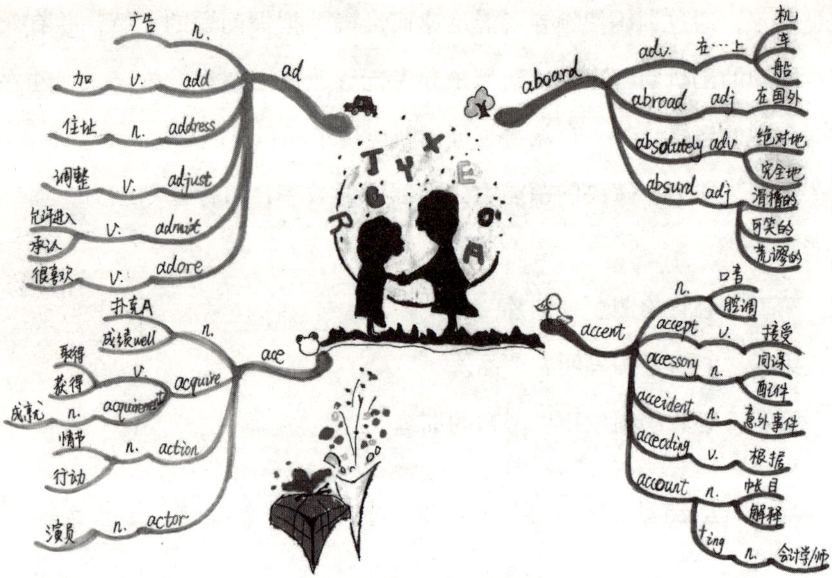

英语应用示例

(3) 数学应用

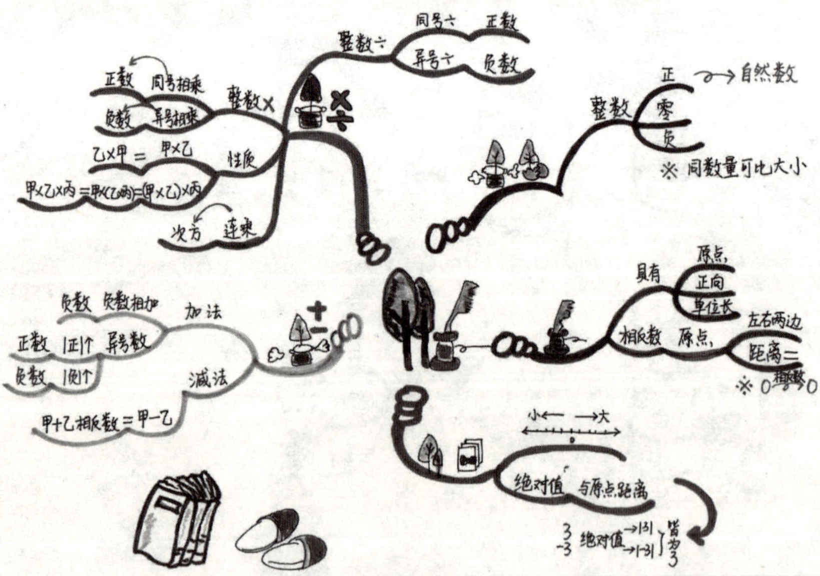

数字应用示例

第九章 高效学习法超强应用

在前面的几章中，我们已经全面而又系统地讲解了关于高效学习法的四大超强记忆法，希望我们的读者要认真复习、归纳、总结、理解、掌握、运用。孔子曰：“学而不思则罔，思而不学则怠。”在我看来，我们学了新知识后最重要的还是学以致用。将四大超强记忆法进行综合后，在我们的日常生活中将会得到广泛运用。

一、让你的生活更轻松

1. 记住1000个电话号码

在日常生活中，记忆电话号码对很多人来说会经常遇到。很多人对此很苦恼，感觉记忆这些毫无意义的数字很难。学了我们的超强记忆的四大方法后，应该是轻而易举的事了，你可以轻轻松松地把它存在你的脑子里。电话号码和日期其实都是一长串的数字，记忆电话号码的时候，需要运用到标签法中的数字标签，还要综合运用锁链法或者联想法。

（1）先分组

例如，我们需要记忆一个很重要的电话号码是13631329573，我们要做的第一件事，是把这个长数字分成两个一组的短数字组合：13为一组，63为一组，13为一组，29为一组，57为一组，3为一组（最后一组为单数）。

（2）再转化

将一连串的数字进行两两分组后，我们就需要运用数字标签展开想象：想象有两个巫婆在争抢一瓶硫酸的画面，代表136313，然后其中的一个巫婆就伸手抓住一个很瘦很瘦的瘦子当棍子来用，这个瘦子为了不被巫婆当成棍子，只好拼命拉住一门很重很重的大炮，大炮上骑着一个米老鼠。这样就把无规律的数字转化成一幅生动而有趣的画面，记住这个画面就非常轻松了。

在转化画面的过程中，还有一点是最为重要的，就是构成画面的时候一定要把号码主人的姓名运用想象、联想、谐音等方法与数字标签画面融合在一起。否则，电话号码和姓名难以对上号。还是以刚才的电话号码为例，假如他的姓名叫张飞，电话号码还是13631329573，你就可以在脑海里这样构成画面：想象有两个巫婆在争抢一瓶硫酸的画面，代表136313，然后其中的一个巫婆就伸手抓住一个很瘦很瘦的瘦子当棍子来用，突然，这个巫婆变出一对大的翅膀，然后张开翅膀飞了起来（张飞），这个瘦子为了不被巫婆当成棍子，只好拼命拉住一门很重很重的大炮，大炮上骑着一个米老鼠。

（3）后还原

把画面记住后，这笔资料就已经存储在我们的大脑里了。我们要用的时候，还必须把画面还原成数字。最终就是我们需要记忆的电话号码。此时，可以运用锁链法，也可以用联想法。比如，一个巫婆把硫酸扔到另一巫婆身上，被扔的巫婆不服气，就喊她的瘦子老公拿大炮来报仇，结果一炮打过去，却打到了米老鼠的身上。

因为手机号码的前两位都是13，因此，13或者1可以不做记忆，靠自己的基本经验就知道，少输入一个图像，记得会更加快速。

2. 重要的日期也会爱上你

在记忆生日、周年纪念日或是历史日期时，所需的只是将你所要记的日子和代表月份及日期的文字做一番联想。举例来说，你女朋友的生日是6月17日。想象刘德华拿拐杖当话筒唱歌祝福你的女朋友生日快乐，你女朋友笑得合不拢嘴。这可以说是标签法和联想法的综合运用；你希望记住父母的结婚纪念日：2月25日。这时，你可以想象父亲抱着鸭子，母亲拿着二胡在拜堂。

历史上的日子也一样好记。例如，联合国正式成立于10月24日。你想象保龄球瓶带着大大戒指在模拟联合国官员们开大会。

数字标签法有两个功能：一个是作为记忆的工具来记忆具体的中文资料或者其他资料，代表在大脑中的一个记忆的位置；同时它也是一种把数字翻译成画面的图片语言，可以处理复杂枯燥的数字。

3. 和陌生人过招

（1）记忆姓名

要认识更多陌生人，你就必须掌握记忆姓名与脸孔的技巧。记忆姓名与脸孔是生活中最重要的事情之一，也是最困难的事情之一。困难的原因在于，大多数的姓名与脸孔并没有必然的“关系”。古时候情形正好相反，人们姓名的由来是根据记忆和联想：通常双手沾满面粉的人是Mr. Baker（面包师傅）；通常在他自己或别人的花园的人是Mr. Gardener（园丁）；整天待在火炉旁敲打的人是Mr. Blacksmith（铁匠）等。随着世代的交替，姓氏与它的原义渐行渐远，记忆姓名与脸孔也就变得越来越困难，到了现在名字不过是个和脸孔没有直接关联的字眼罢了。认识一个陌生人最重要的就是把对方的姓名与脸孔对上号。

生活中经常发生这样的事情：你被快速介绍给五个人认识，嘴里匆忙地念着：“很高兴认识你，很高兴认识你，很高兴认识你，很高兴认识你，很高兴认识你。”事实上只是被介绍给了五双皮鞋，你尴尬地瞪着他们，因为你知道，不管怎样，你立刻就会忘记这些名字（事实上也是）。

为了让你不再处于这样的情境中，请记住社交礼仪记忆对你的两个简单的要求：第一，对你所遇到的人感兴趣；第二，充分表现你的礼貌。请从下列的社交礼仪记忆步骤中，挑出对你最有帮助的。

社交礼仪记忆步骤主要有如下几项。

①做好心理准备。

在你进入一个要与他人见面的场合前，先在心中做好成功的准备。很多人在进入这样的场合时，知道他们对于记忆姓名与脸孔不在行，因而会着手去证实它。如果你知道你的记忆力会有所改善，你会立刻注意到这种进步。在准备与他人见面时，务必要使自己看起来尽可能泰然自若，神情轻松，同时只要可能，给自己2~5分钟的准备时间。

②观察。

在你与他人见面时，一定要直视对方，不要避开视线、看地上或远方。在你看着对方的脸时，注意对方脸上的特征，因为这也是有助于记忆姓名与脸孔的第二种方法——增强记忆法。在后面，有一趟从头顶到下巴的“旅行”，列出无数的特征及它们的分类法。你越精于观察的艺术，便越能了解人与人之间脸部的差异。

如果你能提升你的观察力，你便已在改善记忆力之路上迈进一大步了。视而不见乃是造成记忆力不佳的主要原因之一。

你可以经由公共场所“锻炼”你的观察力来作准备。在不同的时候，给自己不同的观察目标，因此你可能在某一天看鼻子，另一天看眉毛，再一天看耳朵，再一天看头形等。你会很惊讶地发现，人与人之间的脸部器官差异有多大，同时你逐渐具备能看出这些差异的观察力，这将有助于记住你所遇到的新面孔。

③学会倾听。

有意识地去听，尽可能注意你正被引见的人的名字怎么念。在介绍的过程中，这是一个关键性的时刻，很多人都栽在这一关上，因为他们往往专心于自己不要把这个名字给忘掉了，而不是去注意他们正在被引见的人的名字。

④要求重复。

即使你已清楚地听到对方的名字了，还是有礼貌地说些像这样的话："对不起，麻烦您再说一下名字，好吗?"重复是个很重要的帮助记忆的工具，每重复一次你所要记的事物，便能大为提高你记住它的可能性。

⑤鉴定发音。

一旦别人念出名字后，你立刻问对方，你念得对不对，以此来确定这个名字。这样可以加强你的兴趣，同时再一次重复了这个名字，因而增加了记住的可能。

⑥请教写法。

如果你对名字的写法有任何疑问，有礼貌或开玩笑地问问它的写法，如此，再一次加强你的兴趣，同时又很自然地重复了一次名字。

⑦挖掘姓氏的由来。

用自然热切的口吻解释，你的新嗜好之一是关于姓名的背景与由来，并且有礼貌地请问对方，他们知不知道他们姓氏的由来。（要确定你知道自己姓氏的由来!）你可能会惊讶地发现，平均有50%的人不但对自己姓氏的由来略知一二，而且大部分人也对这个话题很有兴趣。这样一来，你对这个人的兴趣又得到加强，同时也得到更多重复姓名的机会。

⑧交换名片。

日本人视交换名片为一种主要的社交功能，他们知道这对记忆的帮助有多大。如果你真的对记忆别人的姓名有兴趣，你的名片务必要能上得了台面再给出去，而大多数的人也会给你名片或将详细资料写下来给你。

⑨在交谈中重复。

为了将兴趣、礼貌及重复原理运用得更透彻些，在和刚认识的人的谈话中要尽可能重复他们的名字。这种重复有助于使名字更深植于记忆中，同时在社交上也更有好处，它会使另一个人更快进入谈话。听到你说"是呀，就像玛丽刚刚说的……”而不是“是呀，就像她（一边用手一指）刚刚说的……”会引起他们更大的关注。

⑩重在重复。

在谈话中的任何小空当，用分析的眼光看着正在说话和被谈论的人，在心中重复念着那些到现在为止已快被你熟知的名字。

⑪较长空当时的检查。

如果你要去替别人或自己拿杯饮料，或是其他原因要暂时离开人群，利用这段时间，环顾一下那些刚遇见的人，在心中重复他们的名字，名字的拼法，你所得到的任何有关那些名字的背景资料，加上任何在说话中出现的有趣事情。如此，你会使每个名字都充满联想，因而在心中建立起一张有助于日后回想的地图网络。

⑫道别时的重复。

在道别时，要确定你所念的名字和人相符。因而，此时你已用到以上所述的记忆的首位与新近时间因素。

⑬注意复习。

- 当你和新认识的人分手后，在心中将他们的名字与脸孔快速回想一遍。
- 只要可能（如在宴会上），将当时的情况照下来（正式或非正式都行）。
- 如果你有意要成为一位真正的姓名记忆大师，准备一本特殊的日志，将你所遇到的人的脸孔、姓名及任何其他的基本图像文字资料快速记下来并做成一份心智绘图。
- 做一份名片档案，在每一张名片上注明你遇到这个人的时间、地点和日期。将这些名片以心智绘图的形式保存，尤其要运用想象与色彩二项，如此会使它的作用大为提升。

• 精心地绘制一份心智图，详细记录你的成就及特别适合自己使用的记忆基准与原理。在你进行这些过程时，要运用心智绘图法。

⑭利用相反原理。

只要可能，便将刚才的流程反过来做。例如，在别人介绍你时，重复自己的名字，说出写法，要在时机适当的时候，掏出你的名片。谈话时，如果提到自己，说出你的名字。这将有助于他人记得你，同时也鼓励他们说出他们的名字，而不是用代名词来代替。除了显得比较有礼貌外，这种做法会使整个谈话更为亲密、有趣和融洽。

⑮调整自己的步伐。

由于第一次见面所引起的压力，人们倾向于将这段时间匆匆带过。伟大的姓名与脸孔记忆家和社交礼仪创立者，一定会放慢步调，确定第一次见面就马到成功。每次在一个新的场合时，便运用同一原则。

以上 15 个步骤本身就是一个记忆的负担，不过我们已经掌握了超强记忆的秘诀，可以把这 15 个社交步骤当一个练习题目来小试一下自己修炼的牛刀。将超强记忆法与这 15 大步骤结合起来运用，你将会收到更加意想不到的效果。

（2）记忆脸孔

如何记忆脸孔，其步骤如下：

• 确定你对对方的姓名有个清晰的内心图像；

• 确信你真的能“再一次听到”对方的名字；

• 详细检视你正被引见的那个人的脸；

• 寻找不寻常的、奇怪的、独特的脸部特征；

• 充分发挥你的联想能力，在心中将对方的脸重组，像卡通画家那样地运用你的想象力，将任何值得注意的特征加以夸大；

• 运用想象力、夸大力及一般的记忆原理，将某一突出的特征和对方的名字连在一起。

学习应用这些原理的最快速、最容易的办法，便是将它们立刻加以运用。下面是头部与脸部的特征示例。

①头部。

通常你和他人第一次见面时都是面对面的，因此在讨论头部的特征前，先视头部为一个整体。找出整个骨架的形状。你会发现头部有大、中、小之分。在这三项中又有下列的形状：方形、长方形、圆形、椭圆形、正三角形（下巴为底头皮为顶）、倒三角形（头皮为底下巴为顶）等。

在初见面时，你可能是从侧面看到一个人的头，你会惊讶地发现从这个角度看过去，头形又有那么多种：方形、长方形、椭圆形、宽、窄、圆形、脸部扁平、头顶扁平、后脑扁平、后脑圆凸，下巴凸出前额倾斜，下巴后缩前额突出等。

②头发。

当早期的发型通常比较一致而持久时，头发是个不错的记忆工具。染发、发胶、假发及几乎是无穷变化的发型的出现，使得要靠这项特点来分辨他人变得很不容易。然而有些基本的特征还是找得出来的。

- 男性的头发特征有：浓密、细、波状、直发、中分、额角高、秃头、短发、中等长度、长发、卷发、染发（只在很明显时）。
- 女性的头发特征有：浓密、稀疏、细（由于女性发型的多变化，因此不宜以这项特征来记住她们）。

③额头。

额头通常分为以下几种：高、低、宽、窄、光滑、有横纹、有直纹。

④眉毛。

眉毛通常分为以下几种：粗、细、长、短、眉头聚、眉心开、一字眉、新月眉、眉尾散开、浓密、长而尖细。

⑤睫毛。

睫毛通常分为以下几种：浓密、稀疏、长、短、卷曲、平直。

⑥眼睛。

眼睛通常分为以下几种：大、小、凸出、深陷、两眼接近、两眼分开、外斜、内斜、有色的、看见整个瞳孔、瞳孔有部分被上或下眼皮及眼袋遮挡，光滑或有皱纹，浮肿或结实。

⑦鼻子。

鼻子由正面看分为：大、小、窄、中等、宽、弯曲；由侧面看则分为：直、扁、尖、圆、狮子鼻或朝天鼻、罗马鼻或鹰钩鼻，与额头成一直线或内凹；因为鼻孔的关系也可以分成：低、一直线、有点高。鼻孔则可以分为：平直、下弯、外翻、宽、窄、多毛。

⑧颧骨。

从正面看时，颧骨常和脸部的其他特征连在一起，但下列的三个特征仍常被注意到：高、突出、不明显。

⑨耳朵。

耳朵是较不为人注意的部分，然而它们的特殊性比其他部位更明显。它们通常可以分为：大、小，粗糙、平滑，圆形、长椭圆形，三角形，紧贴头部、突出、多毛，耳垂大、无耳垂，两耳高低不一等。当然，这些特征比较适合记忆男性之用，因为女性的耳朵经常被头发盖住。

⑩嘴唇。

嘴唇通常分为以下几种：上唇长、上唇短、小、厚（像被蜂蜇了）、宽、薄、嘴角上扬、嘴角下垂、弓形、唇形优美、不明显等。

⑪下巴。

从正面看，下巴可能是：长、短、尖、方形、圆形、双下巴（或多下巴）；由侧面看可能是：凸出、平直、双下巴（或多下巴）、后缩。

⑫皮肤。

皮肤通常可分为以下几种：光滑、粗糙、深色、美丽、有某种黑点或胎记、油腻、干燥、有疙瘩、软弱而苍白、有皱纹、皱纹密布、有色的或被太阳晒过、有雀斑。

其他的脸部特征，尤其是男性，包括从短鬓角到满脸络腮胡的各种长度的胡须等，在这里没有必要将这些变化都列出来。只要知道有这些毛发变化就行了，但是它们的形状及颜色一样也可能在一夜之间就变了。

（3）天人合一

掌握了记忆姓名和记忆脸孔的秘诀后，你要做的就是要将姓名和脸孔对上号，这是很重要的。否则，当你在一个很重要的会议厅里，接到很多陌生人递上的名片后，你如果不抓紧机会将两者对上号，后来难免会出现尴尬的场面。

此时，你要充分地发挥你的联想和想象、谐音等方法使两者达到天人合一的状态。

4. 神童这样炼成

大凡著名的演讲家一定都有很强的记忆演讲稿的能力。那么，要成为演讲天才你就必须从记忆演讲稿开始。

记忆的最好起点是记住演讲稿的提纲，有 90% 的演讲其实都不需一字不漏地记住，知道了这个事实能立即帮你克服困难。视“写讲稿”与“发表演说”为一种记忆能力的人所经历的问题大致都有以下几项：

①在背诵演讲稿上浪费大量的时间。花在准备“1 小时演讲”的时间，总计平均是一个星期，这些时间是花在写讲稿及修改上，以使它适于背诵。其他的时间则是花在不断地重复上，以期将内容塞入脑中；

②由此引起的心理压力；

③由第二项所造成的生理上的紧张；

④因逐字背诵导致的僵硬表现；

⑤听众所感受到的沉闷乏味。他们可以感觉到所听到的内容是死记硬背的，而不是发自内心的，或与他们息息相关的；

⑥演讲者与听众间的紧张气氛。双方都忧心忡忡地在等待，当内容忘记时会出现的可怕中断与停顿；

⑦演讲者与听众缺乏目光的接触，因为演讲者是在“向内”看着死背的讲稿，而不是向外看着听众。

做一场成功演讲的秘诀不在于将演讲稿一字不漏地记住，而在于记住演讲稿的主要关键字。如果你遵照这些简单的步骤，整个准备及记忆（发表）的过程可以是既有趣又轻松的。

①大略研究一下你要演讲的主题，记下你相关的概念、引用的话和相关参考资料。

②心智绘图——基本架构完成初步研究后，坐下来，利用心智绘图，做一份讲稿的基本架构。

③心智绘图——将整篇演讲的基本架构摆在面前，以心智绘图的形式填入重要细节，如此你便完成了整篇演讲。这是一份兼顾左右脑的、充满联想与意象的心智绘图记忆笔记。通常这份笔记应在100字以内。

④练习利用这份大纲来作完整的演说。

你会发现，在你练习时，整篇演讲的思路会越来越清晰，而且你可以将主要内容和副标题编以适当的号码。你也会发现，以大纲的形式做过研究和思考后，你已经很轻松地记住整篇演讲稿了。当然刚开始你一定会对某些部分，犹豫不决或忘记了，但稍加练习后，你会发现你不但完全知道演讲内容，而且也比大部分的演讲者更深入地知道演讲内容中的精华及深层结构。换句话说，你真的知道自己要说什么。这点格外重要，因为那表示当你最后真的面对观众发表演讲时，你不会由于紧张而忘记演说内容的前后顺序。你只会非常流畅地说出该说的话，而不会受制于事先定好的僵硬的句子，这就有利于你在演讲过程中的临场发挥。你将因此成为一位有创造力、有活力的演讲者。

⑤运用位置法或标签法选出能完整说明演说内容的 10 ~ 30 个基本文字。

利用增强记忆原理，将演说的基本文字和位置法或者标签法联结，如此可以保证，即使万一你真的忘了演讲内容，你也能立即找到演讲的线索。不要担心演讲中可能会出现的短时停顿，当听众察觉到演讲者知道自己在说什么时，停顿事实上是利大于弊的，因为对听众来说，他们清楚地发现：演讲者在讲台上真的在思考、创造。这会增加听众的兴趣，此时也同样给听众以消化吸收的时间并引起演讲者和在场的听众之间的共鸣。事实上，有些伟大的演说家更将这种停顿视为一种技巧，使这种充电式的"思想停顿"长达 1 分钟之久。

5. 成为幽默大师

在生活中幽默感将会增添你的人格魅力。谁都希望自己是一个具备幽默感的人。但是在最近以商人和学生为对象所做的研究中显示，在受访的上千人中，将近 80% 的人都觉得自己不是很好的说笑话能手，所有的受访者都希望自己成为顶尖的说笑话高手，而所有的人也都认为记忆力是他们最大的障碍。其实，记住笑话远比记住讲稿容易得多，因为整个的创作过程都已完成。解决之道分两部分：第一，做一份记录笑话主要重点和分类目录的心智绘图；第二，记住消化故事的主要细节。

第一步很容易办到，先将你要讲的笑话大略分类。例如，有关动物的笑话、有关“智力”的笑话、孩童的笑话、有关国籍的笑话、有关押韵的笑话、有关“说话”的笑话、有关性的笑话、有关运动的笑话、有关厕所的笑话等。

将这些笑话种类按喜好程度加以编号，而后以基本法中的某一部分来代表某一种笑话。例如，你可能会以 1 ~ 10 或 1 ~ 20 的数来代表有关性的笑话，10 ~ 20 或 20 ~ 40 的数字来代表有关国籍的笑话等。

第二步也很容易办：我们要再一次用到锁链法。让我们以一个男人走进酒馆买一瓶啤酒的笑话为例。在啤酒送来后，他忽然想起要立刻去打一通电话，但是他知道酒馆里会有人在他回来之前偷喝他的酒。为了阻止这种情况发生，他在杯子上写道：“我是世界空手道冠军”，然后才去打电话，一心以为他的啤酒安全无恙。等他回来时，一眼就看到杯子空了，他注意到在自己那一行字下面潦草地写着：“谢谢你的啤酒——世界赛跑冠军!”

要想记住这个笑话，得从中选出主要基本字来，将它们串成故事大纲。从这整个笑话中，你所需要的关键记忆文字是：啤酒、电话、空手道冠军及赛跑冠军。

接下来，发挥想象力并利用锁链法将剩下的三组关键记忆文字连在一起，并且将它放在位置上或者标签上。当你要引用这个笑话时，就可以用联想法把这几个关键词串联起来。运用这个方法还有两个额外的好处：第一，你能将任何笑话清晰地记住并加以分类；第二，在记忆笑话的过程中，右脑的大量参与能使你成为大有创造力与想象力的说笑话高手，因而克服了说笑话的人所面对的第二个重大问题——一种过于僵硬而直线的、使听者觉得无聊的记忆方式。

6. 轻松地背台词

对广大的职业或业余演员而言，背台词这方面的记忆是最麻烦的一种。通常大家所推荐和采用的方法，是将一行台词一念再念，“收到”；念下一行，“收到”；把这两行合在一起，“收到”；念下一行。直到你背得头晕眼花，直到你忘了开头的几行为止。

根据增强记忆原理而设计，并为著名的男女演员所采用的方法，则完全相反。这套方法是以 4 天的时间，每天 5 ~ 10 次，将你要记的台词一再重读，并了解其中的含义，如果你持续以这种方法来阅读及了解剧本，在你读完 20 遍后，你对剧本的熟悉程度将远超乎自己的想象，同时你也能不看剧本就能记住大部分台词。特别是如果你曾用右脑的想象力来帮助你了解的话，你的心灵便已吸收了约 90% 的内容，而记忆将是运用想象力及联想力，来做彻底阅读与基本了解的自然产物。

这套方法比逐行重复法管用多了，而且能依下列方法使之更精良：你再度利用位置法、标签法和锁链法。例如，你要记忆的内容是一首词，几个关键字有助你的心灵“填入”其余的文字。把一篇长台词分成几部分，利用关键字能很轻易地把它们串联在一起，如果你能将前一个演员的最后一句台词和你的下一句话之间的转换，运用想象力来记的话，演员台词间转换的提示，便能更为有效地运作。正是由于演员未能运用这种增强记忆的技巧，而造成舞台上的混乱，尤其是那些由某个演员忘了他的最后一句话，或是另一个人忘了他的第一句台词，而引起的冗长静默和中断。将增强记忆原理运用于戏剧上，能使演员省下多达 50% 的时间，因而减轻了压力，增强了趣味与效率。

二、高考高分不是梦

根据我们在中国台湾14年、在大陆5年的教学实践经验来看，我们的超脑力高效学习法最大的受益群体算是学生了。对于学生的学科学习而言，用脑记忆东西可以说是“家常便饭”。我们每个人都是从学生时代走过来的，对于学校的学习等各方面的情况，大家也都有所了解。学生每天在课堂上都会接收到大量的信息，每天都有大量的学习任务。课后还花大量的时间去复习、消化、吸收学习的内容。著名的英国教育家培根说过：“一切知识，只不过是记忆。”记忆力是一切学习的基础。对于学生而言，你看到了这一章节，一定要放大你的瞳孔！因为在学习中如果能够熟练地运用我们的高效学习法，能够减轻你的学习压力，走出“死背、背到死；死读书、读死书、读书死”的传统记忆模式，减少你在学习中的受挫感，增加你的学习自信心。因此，相信你就能够轻松拿高分，超越你的同学，勇夺第一。甚至可以说，我们的高效学习法就是意味着高分、重点中学、名牌大学，各种考试都可以被你轻松地拿下。在这一节里面，我们会向可爱的学生朋友介绍一下在中学的学科学习中如何运用高效学习法。在运用我们的超强记忆法的时候，我们适当地介绍了与我们的四大记忆法相关以及衍生的一些记忆和学习方法，供同学们参考。

1. 文科中状元

(1) 高效学习法在语文中的运用

汉语是我们的母语，我们每个中华儿女都有责任和义务把它学好。语文可以说是中学文科中的龙头老大，大家有没有发现：在每次的考试中首当其冲的就是我们可爱的语文。在每次的小考、大考中，如果第一科考好了，我们就有信心考好余下的科目。现在就向大家简单地介绍一下我们的高效学习法在语文中的运用，我们希望能够做好抛砖引玉的工作。希望能给广大的学生朋友以启迪。

在现行的中、高考中，对语文知识的考查主要分为基础知识、阅读、写作三大块。在学习和复习中，这三大块都可以运用到我们的高效学习法。

①标签记忆法。

在语文学习中，对字词的掌握是非常重要的，而对形近字的辨别和掌握是字词中的难点。如“线”“浅”“钱”“栈”，根据声旁我们可以知道它们的读音大致与“戋（jian）”相近，根据形旁我们可以知道它们的字意内容分别与“丝”“水”“金”“木”等事物有关。但是到底如何分清这四个字？我们可以请中文数字标签来帮忙：

- 在一棵大树的树枝上挂着一个很粗很长的“线团”；
- 鸭子在“浅”水里面嬉戏；
- 在米老鼠的额头上贴着一枚古“钱”币；
- 一辆高档的吉普车停车靠“栈”了。

这样，这四个形近字就很轻松地分清了。

②联想记忆法。

这种记忆方法适用于记忆互不关联的、分散的、孤立的知识点。对于语文来说，课文中的生字、生词、作家作品常识、个别文体、语法、修辞概念等，在不易采用其他记忆方法时，常要采用联想法。在这里，联想的方式不再仅仅局限于高效学习法中的几种。我们需要灵活运用。联想的方式很多，首先可以进行横向的相关联想。例如，从一个作家可以联想到他所处的朝代、作品、出处、对这个作家的评价等；从一个朝代可以联想到与他同代的作家、作品、时代背景、作品风格等。其次还可以进行纵向的相关联想。例如，由一部作品可以联想到作品的文体、内容、主题、写作手法、名言警句等；由介词的功用联想到介宾短语的特点，进而联想到“介宾短语一般在句中充当状语或补语”的句子成分划分方法等。运用联想记忆的方法可以把许多知识联系起来，贯穿成线，形成知识网络，便于我们在记忆知识时顺藤摸瓜，由此及彼地记住所学的相关知识。联想法在这里可以分为以下几种。

第一，比较联想法。比较联想法应用的范围很广。例如，在修辞学习中，在学习比喻的时候，可以联想到拟人及夸张等修辞手法并作相关比较。在联想中作比较，在比较中进行联想学习，这样会有事半功倍的效果。把排比和对偶及反复作比较、把设问和反问作比较；在语法学习中可以把宾语前的定语与谓语后的补语作比较；在文言文学习中可以把同一词语在不同语境中的词义、功用作比较等。

第二，口诀记忆法。口诀记忆法其实应该归属于联想法。它是在学习一个知识时，迅速地联想到与之相关的一些知识点，然后编制成一个比较有趣的口诀来帮助我们记忆相关的知识点。

- 运用口诀记忆形近字、易错字。

例如，用“横戌（xu）点戍（shu）戊（wu）中空，十字交叉读作戎（rong）”的口诀来记住“戌、戍、戊、戎”四个形近字；用“王姬去颐和园，人群熙熙攘攘”来记住“姬、颐、熙”这三个偏旁特殊的字；用“老虎是残暴的，虎爪是向外的”来记住“虐”字下半部分的特殊写法。

● 运用口诀记忆语法知识。

例如，可以用“名动形、数量代、副介连助叹拟声”的口诀来记住6类实词后的虚词；可以用“副词放在动形前、介词落在名代前”的口诀来记住副词与介词的区别；可以用“叹词在句首、语助在句尾”的口诀来记住叹词与语气助词的区别；可以用“定语必在主宾前，谓前状语谓后补，‘的’前定、‘地’前状、‘得’字后边是补语”的口诀来记住单句句子成分的划分方法。

● 运用口诀记忆文言文知识。

例如，可以用“‘是以’是‘以是’、‘以是’是‘因此’”，“‘何以’是‘以何’、‘以何’凭什么”的口诀来记住“是以”“以何”的翻译方法；可以用“主谓间断开，发语词断开”的口诀来记住文言文朗读中的合理停顿；可以用“直译对译和意译、增补省略调语序”的口诀来记住文言文的一般翻译方法。

● 运用口诀记忆阅读分析方法。

例如，可以用“本义引申语境义、结合中心作分析”的口诀来记住对句中重点词语的分析方法；用“句式特点与功用，结合中心与语境”的口诀来记住对不同句式或不同修辞句的含义及作用的分析方法；用“总分并、时空逻、中心句、自概括”的口诀来记住对说明文段落结构的分析及对段意、层意进行概括的基本方法。这样，记住了这些口诀后，可以说你就很轻松地记住了一大笔资料。在今后的学习中，假如你要提取相关的资料，你就可以通过这些口诀来进行联想回忆和扩展。

③背诵语文资料。

在语文的学习中，有“熟读唐诗三百首，不会写诗也会吟”之说。语文这门学科的学习是需要我们长期积累的，学习语文的过程其实很大程度上就是一个积累的过程。在积累的过程中，需要记忆大量的语文资料来奠定你的语文基础和提高你的语文素养。

第一，文章及段落。你可能需要将一篇文章的内容，进行短期或长期记忆，你还需要背诵大量的古诗词和名人警句，或是将你最近看的一篇文章，作一番摘要说明。采用一定的方法，你几乎可以将它完全记住，同时还可以记住段落所在的页数。

方法很简单：从文章中的每一页找出两三个基本记忆图像，然后和位置法相结合。如果每一页有一个基本图像字，那么当你说到基本图像字 4 号时，你便知道你正说到这篇文章的第 4 页，如果每一行有两个图像字，而你正说到第 9 个记忆字，你便知道你正在第 5 页的上半部。

要长期记住一段文章的话，你得从每一页中找出两个或三个以上的基本图像字，并运用一个较为持久的位置法或者标签法，同时还要配合复习。

第二，整本书。将整本书详细记住是可能的。只要将文章记忆技巧运用在书中的每一页上。利用关键字加上锁链法便能轻易办到。只要从第 1 页选出两三个关键记忆文字，然后发挥创造力，将它们和标签法中代表数字 1 的记忆字“大树”连在一起。再从第二页选出另外的两三个关键记忆图像字，和标签法中代表数字 2 的图像“鸭子”连在一起，依此类推。因此，对你来说，一本 400 页的书，不但大略记得其中每一页的内容，而且，如果你需要，记住每一页上每一段的内容，也并非不可能的任务。

第三，古诗文。人类的大脑中有一种长期的记忆库，可称为“知识银行”。这种心智仓库能永久保持储藏在里面的知识，而它的容量几乎是无限的。

要把短期记忆强化，转化为长期记忆，势必要经过两道程序，一是思考、理解所学的内容；二是通过大脑记忆六层次的原理，用增强记忆的方法来记住事物。

经过这两道门，你可以把要记住的资料存入长期记忆库，需要时又可以很快地取出来。

如何过目不忘，用 3 分钟背一首诗词，10 分钟背一篇古文?

如果是一位正常的学龄小学生，试试看，要用多长时间记住下面这首诗?

终南望余雪

祖咏

终南阴岭秀，积雪浮云端。

林表明霁色，城中增暮寒。

现在有很多小孩从小学一年级开始，就被学校或家长要求背唐诗、宋词，但却未得到记忆方法的协助，使得背诗词成为孩子们沉重的负担。像上面这首唐诗，很多读小学低年级的孩子因为不了解意思，往往要背三四十分钟；有些高年级的孩子，也要花上二十几分钟的时间，还不见得能把整首诗完全背下来，要不然就是过不了多久就忘了，如果要用到的话，就必须从头再背一次。

其实，像这样的五言绝句，只要教导孩子左右脑并用，五官的感觉并用，把整首诗转换成一幅意境优美的图画，那么你的孩子不到 3 分钟就可以记住，而且记住以后就不会忘记。

上面这首诗我们可以运用超强记忆联想法，请你发挥想象力，按以下阐述产生图像画面，你会发现自己很快就记住了。

一位神祖在一个寒冷的冬天游泳（祖咏），去一座像钟的南山（终南山）山顶上看未融化余下来的雪（望余雪），钟（终）南山树林茂密，阴森森的山岭上山色秀美（阴岭秀），山顶树林深处堆积起来的雪（积雪）的高度已超过了树梢，接近天空，就好像飘浮在云的那一端了（浮云端）。在雪的衬托下，树林的表面一片明亮（林表明），此时的山色已成了神祖永远记住的颜色（霁色），太阳快落山了，城市中（城中）上空好像突然增加了一张很大的黑色幕布（增暮），让人觉得更加寒冷（寒）。

从 30 分钟缩短到 3 分钟，节省了 10 倍时间，效果却大大增强；马上可以判断“有方法的学习”和“没有方法的学习”差别有多大。而这种“有方法的记忆”的成效，也绝非死记硬背所能达到的。

同样的，再看看下面这首七言律诗。

黄鹤楼

崔颢

昔人已乘黄鹤去，此地空余黄鹤楼。
黄鹤一去不复返，白云千载空悠悠。
晴川历历汉阳树，芳草萋萋鹦鹉洲，
日暮乡关何处是，烟波江上使人愁。

这首诗我们照样可以运用超强记忆联想法：

一阵让人催眠的号声（崔颢），在一座饲养黄色丹顶鹤的高楼里回荡（黄鹤楼），此楼中，可惜人（昔人）都已经乘坐黄色的丹顶鹤飞去了（已乘黄鹤去），因此在这个地方（此地），只空有几条鱼被困在黄鹤楼里（空余黄鹤楼），垂死挣扎。飞去的黄色丹顶鹤再也不能复返了（黄鹤一去不复返），唯有白色的云朵千载难逢地在空中悠然自得（白云千载空悠悠）。晴朗的平川上有让人历历在目的情景（晴川历历），许多老汉在埋头种植着杨树（汉阳树），一个名叫小芳的女孩在种草（芳草），凄凄惨惨地和远方小洲上的鹦鹉讲话（萋萋鹦鹉洲），在太阳的沐浴下（日暮），却不知自己家乡的关口是哪一处了（乡关何处是），站在烟波浩渺的大江堤上（烟波江上），使人看了都会发愁（使人愁）。

如果我们懂得这种学习的捷径，只需花5分钟的时间，把这首诗吟过两遍，一面启动左右脑思考、想象，最后再背诵一遍，就可以完全记住了。

采用这种超强记忆联想法，不只是唐诗、宋词可以快速、有效地记下来，记文言文用这种方法同样有很好的功效，可以替学生节省大量时间，收到很好的效果。

下面我们以周敦颐所作的《爱莲说》为例子。

水陆草木之花，可爱者甚蕃。晋陶渊明独爱菊。自李唐来，世人甚爱牡丹。予独爱莲之出淤泥而不染，濯清涟而不妖，中通外直，不蔓不枝，香远益清，亭亭净植，可远观而不可亵玩焉。

予谓菊，花之隐逸者也；牡丹，花之富贵者也；莲，花之君子者也。噫！菊之爱，陶后鲜有闻。莲之爱，同予者何人？牡丹之爱，宜乎众矣！

一般来说，一位初中二年级的学生要背这篇长度120个字的古文，需要花50～70分钟，有的学生甚至要花一个半小时，太浪费时间了。如果我们用“超强记忆联想法”来记，马上可以节省大量的时间，学生平均只需用20分钟；领悟力较强的，甚至只需用10～15分钟就能熟记，并能默写全文得到满分。

下面，我们开始采用超强记忆中的联想法记忆此文。

有一大滩水的陆地上长了许多茂密的草木（水陆草木），草木丛中突然冒出了一枝花（之花），可爱得甚至像一个番茄（可爱者甚蕃）。近来陶渊明独自爱着菊花（近陶渊明独爱菊）。自从姓李的唐朝以来（自李唐来），世界上的人甚至都喜爱牡丹花（世人甚爱牡丹）。唯有鱼独爱莲花枝（予独爱莲之），因为它从淤积的污泥里长出来（出淤泥）却不被沾染（而不染），琢磨从清水里长出来的莲花为何不妖艳呢（濯清莲而不妖），它的形状是：中间是通的，外面是直的（中通外直），不慢就不会长出枝来（不蔓不枝），散发出的香气飘得很远益加清幽（香远益清），而且是亭亭玉立、白净地直立在那里（亭亭净植），可以远远地观看而不可以卸下来玩弄（可远观而不可亵玩）。

鱼畏惧菊花（予谓菊），是因为花枝的影子在飘逸着（花之隐逸者也）；牡丹，花枝显出富贵姿态（花之富贵者也）。菊花枝的爱好（菊之爱），陶渊明后来险些有闻到（陶后鲜有闻）。莲花枝的爱好（莲之爱），同语的还有何人呢（同予者何人）？牡丹枝的爱好，是适宜、合乎大众的！（牡丹之爱，宜乎众矣）

把左右脑都打开，运用两边皮质区的功能背古诗、宋词、文言文。你可以做到“过目不忘”，又可以达到“飞快学习”的目的，一举两得，又快又好！

④心智绘图的妙用。

前面已经讲到了如何用超强记忆来记忆资料，另外一个非常有效的记忆整本书、文章或诗词的工具是心智绘图。你可以将要记的内容中的每一章或每一段，作为心智绘图的一个分支。如果还加上图像与色彩，那么你的大脑便同时记住这个意象与色彩，及此分支在心智绘图“钟面”上的位置。由于心智绘图法运用了所有的皮质技巧，因此全面及特定记忆力便可能得到大幅提升，同时当你遗忘某事时，也增加了在心智绘图中位于周围的资讯将暂时遗忘的资讯“挤出”的可能。

心智绘图作为一个全新的学习工具，还有更奇妙的用处。

进入高中阶段后，学习的知识无论在深度和广度上都比初中难得多，如何才能很好地学习这些知识呢？这就要求同学们更加讲究学习的方法，譬如说怎样做课前预习，怎样听好课，怎样做课后复习，怎样写考后记等，在这些环节中始终贯彻一个怎样做学习笔记的问题。那么，同学们怎样做好学习笔记呢？如果认真地阅读过第八章的同学，肯定就会很容易想到必须用到我们很专业的学习工具——心智绘图。

第一，用心智绘图来记提纲。你每上一节课，把老师在课中教的概念、公式、法则、原理等用心智绘图记下来，对于一些难以理解的概念，每学完一章、一单元，自己来一次小结，把一章、一单元的基本概念、基本知识、基本技能系统地用心智绘图归纳整理在笔记本上，这些内容在课本上虽然有，但不系统，复习时不方便，通过心智绘图的归纳整理后，各知识点条理清晰、层次分明，既方便复习，也增强了记忆，还能不断提高自己的归纳综合能力和自学能力。

第二，心智绘图是现代文阅读的润滑剂。在语文考试中，现代文的阅读是一个“大餐”，也是一大难点。在这里首先简单地介绍一下现代文阅读的基本方法。在做现代文阅读过程中，我们强调“整体阅读法”。所谓整体阅读法就是你在做题目之前，首先应该整体阅读全文，在没有看完文章之前最好不要看后面的题目。在整体的阅读文章的过程中，很重要的一点就是要尽量地记住全文的主要信息。以便在后面的答题过程中能够迅速地找到所设的题目与文章段落信息的对应点，然后再根据文章信息的对应点进行答题。在这个过程中，对学生在短时间记忆和理解文章内容信息的要求比较高。此时，如果能够熟练地运用心智绘图来画出文章的内容提纲，对我们的帮助是不言而喻的。通过简明扼要的心智绘图，我们就能很快地记住和找到文章的信息点，这对我们后面的答题是大有裨益的。

第三，心智绘图是你作文的加油站。首先，心智绘图这个学习工具可以帮助我们在日常生活中积累大量的作文素材，特别是一些议论文的论据材料。在平时的日常生活中，只要用心智绘图记录材料的要点，我们在要用到这些材料的时候，就能够信手拈来。其次，心智绘图还可以帮助我们来拟订作文提纲。让我们做到文在笔先，在行文之前就在头脑中构建文章的结构蓝图，在写作中我们就会做到条理清晰、层次分明。这样就不会出现“脚踩西瓜皮——滑到哪里算到哪里”的情况。

（2）高效学习法在历史、地理中的运用

在文科类的考试题中，其题型不外乎有这样几种：填空题、单选题、多选题、名词解释、列举题、简答题、论述题（综合题）、计算题等。在这些题型中，相比而言，高效学习法的四大超强记忆法对计算题的帮助显得弱一些，但对于其他题型来说用我们的超强记忆法都可以帮上大忙。

超强记忆法对于文科类学科内容的记忆，有着得天独厚的优势，哪里有文字记忆的需要，哪里就是超强记忆法的驰骋空间，哪里就是其崭露头角的舞台。文科类的试卷中，纯粹属于“背”的分数要占整个卷面分数的60%～90%，甚至100%，如果这些题你答得好的话，那么起码获得一个中上等的成绩是没有问题的。所以你若是学文科，在掌握了超强记忆法后，你肯定会成为尖子生，如果你能真正熟练地应用超强记忆法的话！

在平时的学习中，应用超强记忆法中的记忆方法来学习、记忆可牢牢地掌握各章节的基础知识，这样一来，考试中再遇到一些综合类的问题时，就能很快地把相关的基本知识聚集起来，找出最贴近题意的材料来组织解答。这就如同先准备好各种建筑材料，等到开始建造高楼大厦时马上就可施工一样。况且，通常情况下考试中基础知识要占大多数分数，所以掌握好超强记忆法，会在学习上助你一臂之力。

文科中的历史、地理需要记忆的东西很多，很多同学在学习时都感到很困难。在这里我们也简单地介绍一下我们的超强记忆法在其中的运用。同样也希望同学要认真地体会，然后举一反三。

①对应联想法。

对应联想法在历史、地理、政治等学科中用得非常广泛。在历史、地理中会碰到大量的填空题；生活中也经常遇到很多只有一个正确答案的问题。面对这些内容繁杂、数量庞大，但又相对简单的问题，我们就可用一一对应联想法来解决。那么什么是一一对应联想法呢？其就是指在只有唯一对应关系的两个记忆对象之间进行联想，使双方形成紧密的对应关系，以达到提起一方就能马上想起另一方的记忆目的。

例如，记忆下面的“世界地理之最”：

- 世界最长的河流是尼罗河；
- 世界最深的海沟是马里亚纳海沟；
- 世界最低的国家是荷兰；
- 世界最长的裂谷是东非大裂谷；
- 世界最大的高原是巴西高原；
- 世界最大的群岛是马来群岛；
- 世界最大的咸水湖是里海；
- 世界最大的暖流是墨西哥湾暖流；
- 世界最小的洋是北冰洋；
- 世界最深的湖泊是贝加尔湖；

- 世界最大的洋是太平洋；
- 世界最热的地方是阿济济亚；
- 世界最大的盆地是刚果盆地；
- 世界最狭长的国家是智利；
- 世界最大的沙漠是撒哈拉大沙漠；
- 世界最深的洼地是死海。

在联想时，应该注意以下几点。

第一，做这类问题的联想，可在需要记忆的对象之间寻找一个“突破口”，即在问题与答案之间建立某种联系。如“热”与“挤”呀、“暖流”与“没洗够”等。当联想能力提高后，有时在两者之间扫一眼，脑中就会掠过一丝线索，然后很快结束联想。

第二，联想时能用谐音的首选谐音，这也可以称做谐音联想，若谐音困难的，用“加减法”即加字或减字以便于联想。如“里海——里面是海水，巴西——把游客吸引来”等。当然“里海”还可谐音成“利害”，巴西还可谐音成“把戏”，但这样与题意联想起来却要费些周折，所以对于本题还是加字方便一些。

还可以用谐音联想法记忆地名。例如，智利的首都“圣地亚哥”可以记作：一个人的智利胜过他的弟弟，弟弟不如哥哥，即“胜弟亚哥”。这种方法很重要也用得很广泛，希望大家熟练运用。

第三，要注意联想时，叙述性内容要尽量简短，这样回忆起来也可以缩短时间。如果编的故事太长，回忆时不仅费时而且还有忘记的危险。

例如，记忆以下历史题目：

- 我国境内已知的最早人类是元谋人；
- 最早懂得人工取火的是山顶洞人；

- 最早掌握原始灌溉技术是在夏朝；
- 井田制盛行于西周；
- 提出“民贵君轻”思想的是孟子；
- 祖冲之是南朝人；
- 我国最早的农书是《齐民要术》；
- 孙思邈的著作是《千金方》；
- 世界上最早的纸币是“交子”；
- 《清明上河图》是画家张择端的绘画；
- 《马可波罗行记》描绘的是元朝大都的繁华景象。

我们可以进行以下联想：

- 最早人类是元谋人——最早的人类是长得像猿模（元谋）样的人；
- 最早懂得人工取火的是山顶洞人——最早懂得人工取火的是一群挤在山顶洞里取暖的原始人受到石头碰撞产生火花的启发而学会的；
- 最早掌握原始灌溉技术是在夏朝——人们最早掌握原始灌溉技术不过是利用了夏天潮（夏朝）起潮落的丰富水资源而已；
- 井田制盛行于西周——过去井里的甜水熬制（井田制）的稀粥（西周）香极了，现在的井水就不行了；
- 提出“民贵君轻”思想的是孟子——“民贵君轻”在封建社会是不可能实现的，那时的人们只能梦想子（孟子）孙后代能实现了；
- 祖冲之是南朝人——祖冲之出题考百官，常难倒一朝（南朝）人，故人常戏称之“难朝”人；
- 我国最早的农书是《齐民要术》——我国最早的农书是北魏杰出的农学家贾思勰所著，所以论“奇民”要数（齐民要术）老贾了；
- 孙思邈的著作是《千金方》——我爸一心想要个孙子，可我偏生了个女儿，老爸看“思孙”的希望渺（孙思邈）茫了，方接受了这个千金（千金方）；

● 世界上最早的纸币是“交子”——“把这世界上最早的纸币献给国家”，这是父亲去世时交代给儿子（交子）的遗言；

●《清明上河图》是画家张择端的绘画——《清明上河图》一直保存在我家，虽有些脏，部分折断（张择端），但仍价值连城；

●《马可波罗行记》描绘的是元朝大都的繁华景象——我家马啃菠萝（马可波罗）形迹（行记）可疑，原来吃草吃得大肚（元朝大肚）鼓鼓，渴了，才吃菠萝。

②组合联想法。

前面我们讲了一一对应联想法的应用方法，它用起来快捷简单。但相比而言，它的应用范围不是很大，当遇到记忆层次多、内容复杂的材料时就不是很方便。但是，一一对应联想法是其他记忆方法的基础。

实际上，任何复杂的记忆材料都可划分为若干项“两个一组”的记忆单位，把这分解开的一组组再串起来就可组成一个完整的记忆材料。一一对应联想法正是利用这“两个一组”的规律，在“问题与答案”之间进行联想，以达到记忆的目的。所以掌握好一一对应联想法是学习其他记忆方法的基础。

下面我们来看一下组合联想法的具体应用。我们的组合联想法就是要把记忆的若干项内容组合起来，形成一个整体，从而可以提一个而想出一大串，所以我们就形象地将这种记忆方法命名为组合联想法。

例如，记忆半坡氏族时期的社会生活情况：

● 普遍使用磨制器，使用磨制器的时代叫新石器时代，他们还使用弓箭；

• 原始农业已有发展，种植粮食作物“粟”。我国是最早培植粟的国家，已学会饲养猪、狗、鸡、牛、羊；

• 已使用陶器；

• 已学会建造房屋，过着定居的生活，已形成村落。

对于这样整段句子，超级记忆法不能一字不落的都记住，但是可以记住几个关键字句。实际上我们在记忆时也没必要一字不差地再现原文，在考试时只要你能答出关键地方，叙述性内容没有原则上的错误，那你的得分就趋近于满分。至于填空题等要求严格的问题那另当别论。对于简答题等问题只要你能答出关键部分就会得分的，这是目前考试中的实际情况。所以我们对该题作以下技术处理。

首先把每条答案划分出若干个关键字，具体划分如下：

• 磨制石器、新石器时代、弓箭；

• 种植粟、饲养猪、狗、鸡、牛、羊；

• 陶器；

• 建造房屋、定居、村落。

其次，为了记忆方便，对于不是必须按照先后顺序记忆的条款，可以打乱其顺序排列，变成适于我们联想的顺序排列。本题中先记哪条都可以，并没有要求，为了联想方便，我们将其顺序排列为“2、1、3、4”。

经过以上的技术处理，本题就可简化成记忆下列这些短语了：

• 种植粟、饲养猪、狗、鸡、牛、羊；

• 磨制石器、新石器时代、弓箭；

• 陶器；

• 建造房屋、定居、村落。

下面我们利用这些短语进行联想：

半山坡上的原始人充分利用山坡的资源种植粟，（种植粟）然后接着联想，谁想没人饲养的野猪、野狗、野鸡、野牛、野羊（即饲养猪狗鸡牛羊）都来吃粟米，他们很生气，就磨制石器来打猎，新石器实在（新石器时代）不好用，于是制造了弓箭来狩猎（即磨制石器、新石器时代、弓箭）。

半坡人把捕获的猎物饲养起来，可它们很淘气（陶器）到处乱跑，于是人们想到了建造房屋，圈养动物，同时自己也定居下来，人多了就渐渐成了村落（即建造房屋、定居、村落）。

闭眼回忆一下，"半坡人种植粟——猪、狗、鸡、牛、羊来吃——生气，磨制石器，新石器实在（新石器时代）不好使，发明了弓箭——饲养动物淘气（陶器）——建造房屋圈养、自己也定居、形成村落"。这样通过一个故事就把答案要点全串起来了。半坡氏族的社会情况也记住了。

由于进行了联想，所以对半坡氏族的社会情况印象很深，再考你类似于"什么时候人们开始使用弓箭、半坡氏族是种植粟还是水稻、人们从什么时候开始过定居生活"等问题时，你就不会感到模棱两可了，通过回忆联想马上就会选出正确答案。

这就是组合联想法，把多项内容组合串联起来。

再如，记忆秦灭六国的先后顺序：韩、赵、魏、楚、燕、齐。

我们可以这样联想：秦始皇征战六国君时喊（韩）叫着照（赵）胃（魏）部就是一刀，等拔出（楚）时他们已经咽气（燕齐）了。

组合串联联想法用于记忆答案为 5 条左右的简答题、多选题效果是很好的。它的优点如下：

- 能一次记忆 10 项左右的内容（记忆太多内容时容易"掉线"——遗忘）联想起来较简单；

• 经过联想后，考试中若出现该题，特别是以多选题题型出现时，回忆一下联想，再选择备选答案时，就绝不会出现“好像是又好像不是”的模棱两可的情况发生；

• 对于记忆名词解释、多选、简答等有若干答案要点的问题有很好的效果；

• 可按前后顺序依次记忆，对于必须按顺序记忆的内容，最适合用此种方法。

③标签法。

数字标签在历史、地理中的应用也是很方便的。在应用中需要充分地发挥你的联想和想象，使我们的数字标签与要记的资料发生联系，使资料与我们熟悉的东西发生关系，从而把生疏的资料变成我们熟悉的、好记的资料。

例如，记忆中国“二十四史”的名称：

《史记》《汉书》《后汉书》《三国志》《晋书》《宋书》《南齐书》《梁书》《陈书》《魏书》《北齐书》《周书》《隋书》《南史》《北史》《旧唐书》《新唐书》《旧五代史》《新五代史》《宋史》《辽史》《金史》《元史》《明史》。

我们来用1~24的数字标签与上述内容进行联想：

•“1”与“《史记》”——在古代，起义的时机（史记）一到，被压迫的农民们就会揭竿而起，反对封建帝王的统治。起义的首领通常会在一棵“大树”上写上日期作纪念；

•“2”与“《汉书》”——我在读《汉书》的时候，看到窗外有一群鸭子；

•“3”与“《后汉书》”——我们学校最新版本的《后汉书》的封面上印有一只米老鼠，这是书的一大特色；

- “4”与“《三国志》”——在现代版的《三国志》网络游戏中，敌人通常会躲在吉普车里面；
- “5”与“《晋书》”——一只很大的白手套盖住了一张白纸，旁边有一张小纸条，上面写着“禁止书写”四个字（晋书）；
- “6”与“《宋书》”——天王巨星刘德华是个热心肠的人，经常到劳教所给那些走入歧路的人送书（宋书），送些鼓舞人心的书；
- “7”与“《南齐书》”——在南京大屠杀中，被手枪杀害的中国人难计其数（南齐书）；
- “8”与“《梁书》”——我有一副很特别的眼镜，上面有刻度尺。所以我经常用它来度量书的长度（梁书）；
- “9”与“《陈书》”——有人请喝酒，陈叔（陈书）最高兴不过了，因他就爱喝酒。但是到了餐桌却黯然失色，因为他最宠爱的动物就是猫，而他的朋友点了山猫排骨汤这道菜；
- “10”与“《魏书》”——我经常胃不舒服（魏书），这是因为我酷爱打保龄球而经常三餐不规律造成的；
- “11”与“《北齐书》”——白蚁肆虐，连厨房的筷子都被齐刷刷（北齐书）地咬断；
- “12”与“《周书》”——别人都称老王为“时钟”，因为他每周的周末都输（周书）几百元给“麻友”，故人戏称之；
- “13”与“《隋书》”——巫婆很爱学习，爬山也不忘学习，总会随身带本书（隋书）；
- “14”与“《南史》”——医师并非都是男士（南史），也有很多女医师；
- “15”与“《北史》”——我家盖房挖地基时，挖出了一个月饼形状的宝物，被史（北史）学家认定为非常有价值；

•“16”与“《旧唐书》”——是一个老八路军救的堂叔（旧唐书），堂叔对此事总念念不忘，经常送一些石榴到老八路的家里；

•“17”与“《新唐书》”——八旗子弟可穿新衣、吃糖、读书（新唐书），他们现在年纪大了，走路都要用拐杖了；

•“18”与“《旧五代史》”——爸爸自己用的都是旧物，但是（旧五代史）却给我买新的。或想，爸爸有一件旧衣，说是有五代在使（旧五代史）了，还说等我成年办了身份证后要把它送给我；

•“19”与“《新五代史》”——爷爷在新年五代同堂时（新五代史），非常高兴，杀了一只肉狗给我们加餐；

•“20”与“《宋史》”——语文老师为了鼓励我们，在我们诵诗（宋史）时承诺：我们每背诵5首诗就奖励我们一个鹅蛋；

•“21”与“《辽史》”——爷爷的很多战友英勇就义了，在辽宁就死（辽史）很多，都是用听诊器给伤员治疗时被敌军的轰炸机炸死的；

•“22”与“《金史》”——我的酒量，最高有过1斤的历史（金史），而且过后还能吃一大碗饭团；

•“23”与“《元史》”——这个戒指是我研究我国原始（元史）社会历史的见证；

•“24”与“《明史》”——经历过的旧事也并非都是“明事”（明史），就像穿过的高跟鞋并不是都喜欢一样。

这样，我们通过联想1～24的数字标签就可想起“二十四史”的名称了。需要说明的是，在这里所举的例子都是从各学科中随便挑选出来的。所做的联想也是仅供参考的，最主要的是要把这些联想方法传授给大家。同学们在学习了这些方法后完全可以举一反三，灵活运用，自己去创造其他的记忆方法。我们所做的就是抛砖引玉，把更广阔的联想空间留给大家去驰骋，去开拓吧！

学习了数字标签法，今后当你再看见这些阿拉伯数字时就不会感到枯燥无味了，因为它们每个都被赋予了新的含义，穿上了新衣服，作了“美容”，令人耳目一新了。

（3）高效学习法在记英语单词中的运用

英语是一门要求记忆力很强的学科，尤其记忆英语单词是学习英语的一大难关。很多人在学习英语时常常因为过不了词汇关而放弃学习英语的计划。这就很可惜，因为学习英语其实是一件很有意义的事。词汇是语言的建筑材料，没有一定的词汇量外语就无法过关。正是由于外语单词不好记，遗忘率高，致使许多英语爱好者慢慢失去了学习兴趣，影响了学习。

然而，一旦你掌握一个好的方法之后，你也会发现记单词是很轻松的事。在前面我们在向大家介绍标签法的时候，已经介绍了26个英文字母所对应的中文词标签图片。26个枯燥的、毫无意义英文字母已经变成了有意义的鲜活的图像。在此，再进一步介绍一下英文标签在记忆单词中的灵活运用。

①字母锁链法。

字母锁链法在前面已经讲到过，在此再详细地讲解一下。字母锁链法可谓是英文标签法与锁链法的完美结合。

所谓字母锁链法就是在记忆单词的时候，运用我们的英文标签，把组成单词的字母转化成对应的中文词语所对应的图片，通过转化后，我们就可以发挥想象，把单个的英文字母所对应图片运用锁链法的原理进行组合。组合后，一个单词变成一幅完整而有意义的图画。此时，你要记忆的单词就不是枯燥无味的了。由于人脑对图像是最敏感的，最感兴趣的，也是最容易记忆的，而且能够保持长时记忆。

例如，要记“difficult”（困难的）这个单词，我们首先通过标签对应表，将字母转化为中文词语的图片。转化后分别为：桌子、昆虫（毛毛虫）、两面国旗、昆虫、母牛、飞碟、信、电视。然后再发挥我们的联想：

桌子上有一只可爱的毛毛虫艰难（困难）地爬行着，这张桌子旁边有两面国旗在迎风飘扬，第二面国旗的右上角也有一只毛毛虫在爬行，右下角有一头母牛在用嘴巴咬毛毛虫，母牛的尾巴吊着一个飞碟，突然从飞碟里面掉下来一只很大信封，接着又掉下来一台电视机，把毛毛虫吓了一大跳。

在记忆时，要记得在每记完五个字母的组合后要复习一次。

再如，“widow”（寡妇）这个单词，你可以这样来联想：

一个寡妇用一条很长的铁链拉着一匹母狼，狼的鼻子上面有一只毛毛虫，毛毛虫的后面有一张桌子，桌子上面放着一个很大的橘子，橘子的后面还有一匹公狼。

这样，这几个中文词语连接起来就组成了一个简单易记的故事画面。我们记住了这个小画面和小故事后，这个长单词就被我很容易地攻克了。需要提醒大家的是，在联想时，一定要把单词的中文意思客串到故事里面（而且尽量地把中文意思所对应的图片当做第一幅画面），这样就可以达到一举两得的效果。要用原来的英文单词再将其还原成最初的字母就可以了。

用我们的这个方法，要经过长时间大量的训练，刚开始可能不是很熟练，不是很习惯，只要你树立目标，坚持不懈地练习，慢慢地就会习惯了，而且你还会发现这个方法真的是很有效，这个方法用熟了之后，你会发现你记单词会越来越快、越来越轻松。我们超脑力的很多学员都反映这个方法真的很好，很多人都提高了英语的成绩。

②锁链衍生法。

锁链衍生法是对字母锁链法的深化，在字母锁链法已经很熟的基础上，将很熟悉的一些固定组合看做一个整体，在今后的运用中这个整体就不再需要进行最原始的转化，只需将它当做一个衍生的整体图像组合来运用。

第一，字母组合衍生。在英语单词中有很多的字母组合。如，ee（眼睛）、oo（眼镜）、ff（双斧头）、ss（双头蛇）、ic（电话卡）等。我们在记忆单词的时候就可以把这些固定的字母组合锁起来看做一个有机的整体，再将这个组合转化成括号里面的图片。以减轻记忆压力、提高记忆速度。

例如，“foot”（足），你可以这样来记：你的脚下面踩着一面旗帜，旗帜的右下角挂着一副很大的眼镜，眼镜后面有一台电视机，这台电视机发出耀眼的光照射着眼镜。

再如，“puff”（喷，吹），你可以这样来记：一头猪对着它身后的一个飞碟吹了一口气，这个飞碟上面有一对斧头。

第二，单词组合衍生法。我们经常会发现，有很多英语单词是由两个或两个以上熟悉的单词经过再次排列组合而构成的，还有很多是在熟悉的单词后面再加上一些新的字母（前缀或后缀）构成。像这些单词我们就需要运用单词组合衍生法来记忆。

比如，“far”（远）这个单词，刚开始的时候，我们是这样转化的：在一个旗帜的旗竿下，有一个很大的苹果卡在了一只小白兔的嘴巴里面。这个组合熟悉了之后，如果你要记“farm”（农场）的时候，就不需要再进行最原始的转化。直接记作：在远方有一个麦当劳店。

再如，“sea”这个英文单词的中文意思是“海洋”，由此衍生出来的一些单词可以根据它并结合英文标签来记忆，“seat”这个单词就可以想象海浪在使劲儿地拍打电视机。

“season”就是“sea”+“son”，你可以想象一幅图像，一片汹涌的海浪正疯狂地把一个小儿子卷进大海中，你还可以清晰地听到小儿子撕心裂肺地呼喊救命的声音。

“campus”是“校园”的意思。你可以非常清晰地发现，它是由“camp”（宿营）+“us”（我们）构成的。你可以这样来记忆：在校园里，一个外星球来的飞碟上面睡着一条蛇，它在此宿营。

“butterfly”是“蝴蝶”的意思。它是由“butter”（黄油）+“fly”（苍蝇）构成的。你可以这样来记：一只蝴蝶的翅膀上沾有黄油，就是因为黄油，引来了一只苍蝇。

“bullet”是“子弹”的意思，是由“bull”（公牛）+“et”构成的。你可以这样来记：子弹射中了一头公牛，公牛忍痛向前奔跑，在慌乱中，撞上了一只老鹰，老鹰用嘴巴叼着一台电视机。

“abnormal”是“不正常、变态的”的意思，由“a”+“b”+“normal”（正常的）构成，可以这样来记：一个又红又大的苹果引来了一只很变态的蜜蜂，这只蜜蜂不停地亲吻着那个大苹果。

“anticipate”是“预料、预期”的意思。由“ant”（蚂蚁）+“ic”（IC电话卡）+“ip”（IP电话卡）+“ate”（吃）构成。可以这样来记：在预料中，蚂蚁吃了用蜜蜂特制的IC、IP电话卡。

我们在此只举上面的几个例子，希望能起到抛砖引玉的效果！

③谐音联想法。

在这里讲解的几种方法都是逐渐深化的。可以说前面的一种方法是后面一种方法的基础，但是根基还是字母锁链法。

谐音联想法的好处主要是能解决读音拿不准的难题。谐音联想法就是在你第一次听到一个新单词的发音时，就将单词的读音进行谐音化处理，然后将整个单词的读音通过谐音转化成图片，融入到整个转化的图片中。这样一来，你不会担心记不住、读不准单词的读音，读音这一令很多学习英语的人感到很棘手的问题就轻松地搞定了。

例如，“fundamental”的中文意思是“基本的、基础的”，可以根据它的发音和中文意思这样来构成画面：你自己“发的馒头”是“基本的”粮食。其中“发的馒头”是单词发音的谐音，然后将这个中文意思和单词发音组合成的画面及字母锁链和锁链衍生法来一起构成整幅画面。

“fuel”是“给……加燃料”的意思。其发音的谐音是“飞蛾”，可联想为：飞蛾正在扑火，给火、加燃料。

“frequent”是“时常发生的、经常”的意思。其发音的谐音是“福利困的”，可联想为：员工的福利发放困难，在某些公司是经常发生的。

“traitor”是“叛徒、卖国贼”的意思。其发音的谐音是“踹他”，可联想为：他是卖国贼，人人都踹他。

“ambulance”是“救护车”的意思。其发音的谐音是“俺不能死”，可联想为：俺不能死，快叫救护车。

“argue”是“争论、争辩”的意思。其发音的谐音是“阿 Q”，可联想为：阿 Q 喜欢和别人争辩。

“punctual”是“准时的、严守时刻的”的意思。其发音的谐音是“胖可救”，可联想为：胖子严守时刻进行训练，一定是可救的。

“passion”是“激情、热情”的意思。其发音的谐音是“拍胸”，可联想为：他很有激情地拍胸说话。

“suburb”是“郊外”的意思。其发音的谐音是“杀伯伯”可联想为：

那个罪犯杀害他的伯伯后，把尸体扔到了郊外。

④直观记忆法。

直观记忆法可以说是前面三种方法的最高境界，如果这种方法用熟了，再难的单词对你来说都不是问题了。自此，可以说你记忆英语单词已经到了出神入化的地步，因此你记单词将会更快更准！

运用这种方法的前提是你必须对前面的三种方法能够熟练运用了，并且要保证你的单词发音已经过关。直观记忆法是不利用谐音联想画面的方法记单词，因为有些单词无法想到谐音画面。用这种方法记单词的时候，你可以一边读单词一边想象单词所对应中文意思的画面。也就是边读边记忆中文意思，将两者联系起来记忆，成为直接的反应。不断刺激你的潜意识，直到你一听到或看到某个单词，你的潜意识就马上做出反应，想到这个单词所对应的中文解释。这种方法可以说是记忆单词的最高境界！

例如，“pigeon”的中文解释是“鸽子”，你在读它的时候，头脑里面就不断地想象鸽子飞的画面。

“pinch”的中文解释是“捏”，你就一边读单词的时候，一边想象你捏别人的画面。

“plantation”的中文解释是“种植园”，你一边读单词，一边要在你的脑海里面构建一个美丽的大庄园的画面。

“racket”的中文意思是“球拍”，你就应该一边读，一边想象球拍的样子。

“screw”的中文意思是“螺丝”，你一边读，一边想象你所熟悉的螺丝。

⑤通过对比相似联想帮助记忆。

孤立的单词不容易记住，但人具有丰富的想象力，通过联想我们可以使之形象化、生动化、系统化。如：由“good”想到“bad”，由“long”

想到“short”，这是一种利用对比联想的记忆方法。利用归类法联想效果也很好，如我们可以把表示学习用具的“pen，ink，pencil，rubber，ruler，notebook”等放在一起进行“批量”记忆。如果有些单词本身没有什么内在的必然联系可以联想，我们也可以通过想象人为地加上某些情趣帮助记忆。例如，将“eye”中的“ee”想象为两只眼，“y”就是中间的鼻子，而“look”则是睁大两只眼睛。再如，颠倒单词的拼写也是一种记忆方法，像“live—evil”，“pool—loop”，“tool—loot”，“meet—teem”等。另外，还可以把一连串意义上有关联的词编成句子或短文一起背诵。

⑥位置法和标签法。

我们在超脑力的高效学习法中，已经讲到了人体的30个位置和112个中文标签，我们学了之后就要多用。

你可以给自己制订一个记单词的计划，假如你每天记忆30个或50个单词，记完了后一定还要记得加强复习，最好也是5个一组进行复习。我们的位置法和标签法就可以很好地帮助我们来复习当天记的英语单词。这样，不管你走到哪里，随时都可以复习。长时间坚持下去后，你的词汇量将与日俱增。

2. 理科拿头名

在学生中通常有句俗话：代数繁，几何难，物理定理记不完。这说明不只文科需要大量的记忆，其实理科需要记忆的资料也不少。我们超脑力的高效学习法在中学理科中也是很实用的。下面我们也简单介绍一下，希望同学们能够在我们的启发下，灵活运用，举一反三。

（1）高效学习法在数学中的运用

①锁链法＋标签法＋联想法。

在中学数学的学习中，我们超脑力高效学习法中的四大超强记忆法很实用。在数学中，有大量的概念、定理、公理、定律和公式需要我们去记忆，所有的这些都可以用我们的超强记忆来完成。

例如，在学习一次函数的时候，应该把它与已经学过的正比例函数进行对比联想学习，学了反比例函数后，又可以将它与正比例函数来联想记忆。几何中，应该将相似三角形与全等三角形进行对比联想记忆。学了四边形和多边形后，可以把这些内容进行一次大总结。数学知识非常强调严密和逻辑性，很多章节的内容和知识点都是环环相扣的，这就需要同学们创造性地运用我们的锁链法将知识进行整合。有的定理公式是成双成对出现的，我们就可以用我们的标签法来记忆。例如，证明三角形全等的定理有三点，简称为：边角边、角边角、边边边，我们就可以把三个标签“贴”在上面，帮助我们理解记忆，长时记忆。再如，在平行线的学习中，有三个性质定理和三个判定定理，我们也可以用标签来加强记忆。当然还有很多例子，希望广大学生朋友在学习中认真归纳总结，举一反三。

还可以用联想法来记忆数轴和相关的数学概念。例如，学习有理数时，可将数及其概念与数轴的形状联系起来记忆。首先，要明确数轴的三要素——原点、正方向和单位长度。其中原点相当于温度计的零点，向右为正方向，单位长度可视具体情况而定。数轴上表示的两个数，右边的总比左边的大。其次，你必须将有理数与数轴上的点联系起来，把互为相反数的数值、绝对值、有理数大小的比较等直观化。

②心智绘图的运用。

在学习中，千万不要忘了心智绘图这个很好的学习工具。前面提到过，数学是一门严密性和逻辑性很强的学科。每学了一章或一节后，如果用一张张漂亮的心智图对知识进行归纳和总结，一方面可以加深你自己对本章节内容的理解；另一方面也是一个复习和记忆的过程。将章节的知识点画成心智图后，你对本章的结构框架将更加清晰，方便自己对知识点的记忆和复习。

(2) 高效学习法在物理中的运用

中学物理特别是高中物理难度大、内容多，除了需要加强理解和应用外，也需要学生记忆。根据教学心理学原理，学生合理使用记忆规律来学习高中物理是能提高学习效率的。

我们对大量知识的接受、保存和提取是以记忆为基础的，所以注意增强自己在理解基础上的记忆能力，可以提高学习效率。因此我们在物理的学习中要合理运用记忆规律，提高学习效率。

①运用视觉、听觉、嗅觉等多种感官。

在实际生活中，我们都知道电视广告容易记住，有的过了几年还能一字不差地回忆起来。从记忆规律的角度出发，它正是同时应用了视觉、听觉等多种感官使观众接受信息，而达到较好的记忆效果。

所以在物理的学习中我以为：第一，不能死抠课本，而应当充分运用演示实验、图形图片、电视录像、多媒体课件等手段再现知识发生、发展的变化过程，用图文并茂的方式帮助自己学习，充分应用大脑记录和处理视觉信息的良好功能，提高我们的记忆效果和学习效率；第二，凡须用实验证明的学习内容，有条件做实验的，一定要做。例如，我们对于额定功率这一概念一般不能很好地理解，就应通过实验加深印象。我们选用额定电压为2.4伏的小电珠，当用两节电池，则小电珠能长时间正常工作，但如果用3节电池对它供电，则短时间内将发出耀眼的白光，烧坏电珠。这个实验利用了视觉和听觉器官。通过实验，我们就能掌握当电压超过额定电压时电器要损坏的道理。

②重视有意识记忆。

学习物理与学习其他课程一样，都是“学起于思，思起于疑”。课前预习的过程就是寻“疑”过程。发现疑问，并带着问题听课会更加积极地思考问题和更自觉地掌握知识，而且获得了上新课的主动准备而去主动记忆，重视有意识记忆，增强记忆效果。我们预习所要做的工作主要有以下几项。

• 了解内容：预习的目的之一是了解一课、一单元的基本内容，对于要巩固哪些旧知识，要学的新概念、新规律是什么，做到心中有数。

• 记录疑点：疑点就是在预习过程中搞不明白并在听课中你需要特别注意的地方。

预习是一种良好的学习习惯，通过预习不仅能使我们对于物理课中的重点和难点更好地理解和记忆，而且对我们今后的长远发展也是大有裨益的。

③跨学科联想记忆。

这种联想法可以说是超强记忆联想法的创造性运用。根据记忆的特点，记忆材料的内在联系越多，则记忆效果越好。为此我们可以试图将物理知识和其他学科的知识结合在一起，进行编码和记忆，使学生能把物理概念与具体的事物联系起来；或者对记忆材料采用不同的传播工具、方法（如实验，实物，实例，录像，图片，录音），将物理知识展现出来。

例如，在学习机械波时，判断波的传播方向和质点的振动方向之间的关系很容易发生错误。我们可以结合生活中的实际情况想象一下“风吹草低见牛羊”这一美景，让我们的印象深刻。如果有条件，通过多媒体制作显示质点有规律做上下运动时，呈现出水平方向波动的运动图像，则能更好地使自己熟练掌握和运用波动的传播规律。

再如，在磁场和电磁感应的学习中，左手定则和右手定则在使用时易混淆。我们通过联想，把右手定则与历史学科中所学的古巴比伦王国发源地的幼发拉底河联系在一起，右手“发电”中，“右发”可与“幼发”两词谐音。我们在运用时，通过联想便可以准确无误地区分两个定则的不同使用范围。

④利用对比联想记忆。

对比联想是超强记忆联想法中的一种。此法可以很好地运用于物理学习中。在阶段性复习时，还应将以前学的相似、易混淆的内容放在一起进行对比联想，利用“对比效应”加深理解与记忆。下面我们以两个方面来举例说明。

第一，对形同、质异知识的比较。

有些物理概念，物理模型或物理过程貌似相同或相近而意义和本质却不同。将它们加以比较，使大脑中已有的长期记忆与刚学的内容（短期记忆）比较，揭示其本质的区别和处理方法的不同，辨别易混淆的问题，消除错误隐患。比如，电势和电势能，电势和电势差，光子和光电子，磁感强度和磁通量等。又如，动能定理和机械能守恒定律。这些内容建议学生朋友可以列表进行对比联想记忆。

第二，对形异、“质”同知识的比较。

这里的“质”，指处理问题的方法，不表示物理的本质。比较这类知识，找出这类知识及处理方法的共同点，达到举一反三的目的。物理学中较多的物理量是用比值来定义的，这样就可以把它们放在一起比较，发挥联想，加强记忆。比如，匀速直线运动的加速度（$a=\Delta v/\Delta t$）、电场强度（$E=F/Q$）、电势（$\varphi=\varepsilon/q$）、电阻（$R=V/I$）等。

（3）高效学习法在化学中的运用

著名的心理学家奥苏贝尔有意义学习理论的第一个条件是学习者头脑中必须具备可以用来同化新知识的适当观念。对于化学学习来说，这个适当观念就是存储在学生头脑中的化学知识。学生头脑中的化学知识储备越丰富，就越能加速对新知识的同化速度。学生朋友经常反映化学学科要记忆的内容太多太杂，不知道该怎么学怎么记。为此，我们结合前面谈到的记忆规律和超强记忆法，简单地介绍一下关于化学知识的记忆。

①利用知觉特征，强化记忆表象。

知觉是人对事物的各种属性、各个部分及它们之间相互关系的综合的、整体的直接反映。记忆表象是过去感知过的事物在头脑中再现出来的形象。人通过知觉，从外界获取信息，再在记忆中存储下来。可见，记忆从知觉开始，以记忆表象的方式存储在记忆中。知觉的选择性指人在知觉客观事物时，总是将一些事物当作知觉对象而将另一些事物当做知觉背景。新异刺激易被当做知觉对象。因此，将某些学习内容转换成新颖的刺激，易被我们优先知觉，有利于强化记忆。如在实验室制氯气的演示实验中，为了让学生记忆实验操作顺序及原因，我们有意先移去酒精灯，结果氢氧化钠溶液被倒吸到集气瓶中，又迅速倒吸进烧瓶里，通过引导学生分析倒吸的原因，使学生的印象非常深刻，记忆效果好。强度大和变化的刺激物易被当做知觉的对象。因此，利用多媒体课件的图、文、声、像等多种媒体信息，调动学生的各种感官知觉，有利于加强记忆。

②利用情绪、情感的信号功能，强化知觉印象。

情绪、情感的信号功能是指个体以体验方式表达出自己对周围事物的认知，并对他人施加一定的影响。人的情绪、情感一旦和有关事物结合起来，人就会在头脑中形成该事物的具有情感色彩的记忆映像。国外心理学家曾做过许多实验，得出这样一个公式：信息的总效果 = 7% 的文字 + 38% 的音调 + 55% 的面部表情。因此，我们在学习中对于重点记忆的内容，采用颔首、微笑及其他动作表情，有助于丰富情绪记忆的经验，强化记忆效果。

③口诀记忆法。

将所需要记忆的内容赋予一定的有趣的意义教给学生记忆，能显著提高学生记忆效果。如在石油裂化规律的教学中，利用口诀“烷变烷烯，大变小，量相等，对不对”来学习对称与不对称等规律；又如，记忆金属活动顺序表的方法——“借给那美女，锌铁锡千斤，铜汞银百斤”，令人耳目一新、印象深刻；再如，要记元素的化合价，可以用这样的口诀“一价氢氯钠钾银，二价氧镁钡钙锌，氮磷和硫变化大，具体分析才能定”来帮助记忆。

④联想记忆。

元素化合物性质及有机物性质的记忆一直是学生记忆的难点，学习中一般采用网络的方式帮助记忆，而网络是以联想的方式形成并展开。又如油脂的性质记忆，根据日常生活经验，衣服上沾有油渍不能用水洗，只能用汽油洗。联想记忆油脂物理性质比水轻，不溶于水，易溶于有机溶剂；再根据油脂的组成，联想记忆化学性质氢化和水解。

⑤标签法。

我们可以用超强记忆法中的英文标签来记忆化学元素和化学物质。

⑥对比记忆法。

对某些似是而非的概念，记忆时可采用对比记忆法。比如，学习同位素概念后，可将同系物、同分异构体、同位素、同素异形体四个“同”放在一起进行对比，对概念的内涵要点进行对比记忆；又如，在学习了氧化钠的性质后，采用列表方式将过氧化钠、二氧化硫、氯水、活性炭的漂白原理列出，以帮助记忆。

至此，我们的高效学习法的综合运用已经讲完了。如果你已经认真地读到了这一页，那我要恭喜你了，因为你真的离成功不远了！读到这里，我要请你回到此书第三章的第 5 节，认真重读标题 4 的内容。那么我也就可以因功德圆满而放心地搁笔了！

附录1　学员心得

我的快乐学习之旅

（齐阳，23岁，职工）

疯狂记忆，高效学习，这些学习的方法和技巧是我在以往的学习中从未用到的。利用右脑学习的方法，它让我大开眼界，短短的十几分钟我就可以利用这种方法记住50个中文词组，更加神奇的是可以做到正背、倒背、抽背都不会出现错误。在以前如果我要记住这么多的资料，达到这种记忆效果至少需要两个小时。

在画思维导图时，我的脸上露出了灿烂的笑容，以前的我一看到书就犯困，特别想睡觉，现在我把书本上的内容利用这种科学的记忆方法转化成图像，然后再利用心智绘图去记忆非常简单有趣，大脑喜欢这种记忆方法所以我画心智图的情绪特别高涨，甚至半夜1点多钟我有了好的创意赶紧高兴地从睡梦中爬起来去画。感谢"超脑力"把这么好的学习方法教授给我，让我的学习从此不再乏味。我回家后会努力争取在年底的脑力锦标赛中夺冠！

学习超脑力 成功超容易

（倪娅琦，13 岁，学生）

在 2005 年的 8 月 28 日，我参加了超脑力训练的中阶研习。在学习过程中，我感觉到了也体会到了那 10 个字，便是“学习超脑力，成功超容易”。

在这一天中，老师教我们四大记忆法，运用了这四个方法，让我从本来只能死记硬背出 8 个词语变成在 10 分钟内就能记住 50 个词语，超脑力真是名副其实，真是太好了！

我感谢“超脑力”带给我的好记忆力，让我提升了自信心又提升了成绩，让我不再羡慕别人超好的记忆力和成绩。因为他们是人，我也是人，大家都是人，人的脑部结构都一样，别人能做得到，我一样也可以做到。

我来对了

（孙瑜 ，14 岁，12 期学员）

经过了“超脑力”的学习让我动了动我的右脑，也让我的记忆力提高了好几倍。以前看到别人能够背出很多资料，我总是告诉自己这是不可能办到的；现在不同了，我的大脑一天能够装下 300 多个资料，这多亏了超脑力，只有学习了“超脑力”，才有如此大的成就。在上谢老师课的时候，我觉得是一件非常有趣的事，上他的课比看电视、做其他的事情都要有意义。现在我可以说，我当初放弃自己看电视、玩电脑的时间来学“超脑力”是来对了！

我在超脑力的巨大改变

（任旻月，16岁，学生）

在学习“超脑力”之前，我的记忆力总是不好，干什么都丢三落四的，怕老师说的作业记不住，就拿纸记下来，可回家就找不到那张纸了，作业没能完成，早起去学校补，倒霉的话被老师发现还会请我去喝“教育茶”。可学了“超脑力”后别说是几条作业了，就是平时最让我头疼的英文单词和中文课文，也被我轻而易举地攻克了。而且我还发现了以前内向、腼腆、不太敢与人交流的我，现在也勇敢地踏出了那一步，敢于走到人前，与人进行交流，和他人相互沟通，建立更多的人际关系。在做数学、物理、化学等理科作业时，思维不会局限在一个点上，而是有了更多的思考方向和解题思路，反应也比以前快了很多。语文写作也比以前更有层次感。以前写作文，老师总说我层次不够鲜明，总是东一句，西一句的，不知所云；现在写文章，我总会先画一张心智绘图，然后根据心智绘图，一层一层地分析。超脑力所教会我的不仅仅只是一时所需的知识，而是在我以后的人生中都会用到的、都会发生巨大影响的学习方法，让我一生受益无穷！

附录2 成长见证

改变很大，以前不善表现，即使有机会也不去争取，上完课后与同学关系和沟通更融洽，回到英国很积极参与各种活动，如英国 BBC 电台举行的一些活动，有些还是被邀请参加的，也积极参与大学里的讲座、公开日活动等。成绩提升很快，目前已被 5 所大学录取，包括著名的诺丁汉大学和伦敦大学，有 3 所大学还提供奖学金。立志读完大学后再攻读研究生和博士，并且从最好的学校毕业出来，努力把自己变得更优秀。

2009 暑期金牌状元营学员　黄浩

这个课程说出了我们家长最想说的和最想做的，弥补了我们对孩子教育的无知，为孩子提供了一个非常系统的培训，不仅提升了高效学习的能力，还学会了设定自己的人生目标、感恩父母，其产生的结果远远超出了我们的愿望。我的孩子王辰在这里学习后，学习成绩一下就从 40 名进入班级前 10 名。而且孩子说很有信心在今年的高考取得好成绩，考上理想的大学。我衷心感谢“超脑力”给我们提供了这样好的课程。

新疆百富餐饮股份有限公司董事长　王俊岭

参加金牌状元营前，数学成绩中等，史社落后，英语班级排名 20 名后；入营后2010年3月测试成绩：数学100分，史社97分，班级排名前几名；英语94分，班级排名第11名。

深圳市上步中学初三学生　何花

10天的封闭训练，疯狂记忆、高效学习、优势脑波等课程拓宽了孩子的视野，培养了孩子浓厚的探索兴趣，“超脑力”老师言行举止所投射的理念让孩子身心均发生了改变。课程结束后，孩子的聪明变成了睿智，勤奋变成了效率，紧张变成了严谨求实。经过对超脑力方法的探索和使用，孩子的各科成绩稳步跻身年级前列，中考一举考取省重点中学。

江苏海安高级中学高一学生向冠宇的母亲　王小凤

8个月来，孩子每天都在变化着，尤其是第二次参加学习回来，我发现了一个全新的好孩子，超脑力传授的不仅仅是知识和方法，更教会了孩子怎样做人、怎样感恩。看见孩子会主动关心别人、去学习，并且不断进步，我打心底感谢谢华老师和超脑力的老师们。

长沙湘府中学高一学生周默华的父亲　周建竹

以下为其他学员在超脑力的成长历程。

姓名	学校	成长见证
云唯嘉	机场实验学校	入营前成绩在班上排20几名，现班级排名为10几名
张浩霆	深圳清华实验学校初二八班	月考成绩由班级第30名进步到第10名，进步20名
陈志强	揭阳市榕城区真理学校初二四班	入营前班级排名26名，现排名13名，进步13名

续 表

姓名	学校	成长见证
王辰	乌鲁木齐市兵团学校高三一班	入营前班级排名55名，现排名13名，进步42名
罗蓥煌	四川南充市嘉陵一中高三8班	入营前年级排名第364名，现排名247名
邓静仪	深圳市翠园中学高一	入营前年级排名第230名，入营后2010年1月期末考试年级排名第180名，进步50名
姚致远	深圳市罗湖小学六年级	入营前班级排名第10名，入营后2010年1月期末考试拿全班第1名；英语100，数学100，语文93
刘翔旭	郑州中学高二7班	入营前年级排名第15名，入营后排名第4名；模拟高考过本科分数线9分，进步11名
许翔	郑州第七中学初二3班	入营前政治科目76分，入营后91分；物理科目初考100分

更多进步案例请登录 www. jpzyy. 9571. com. cn 查询。

附录3　超强记忆之中文标签

1. 大树
2. 鸭子
3. 米老鼠
4. 吉普车
5. 手套
6. 刘德华
7. 手枪
8. 眼镜
9. 猫
10. 保龄球
11. 筷子
12. 时钟
13. 巫婆
14. 医师
15. 月饼
16. 石榴
17. 拐杖
18. 身份证
19. 狗
20. 鹅蛋
21. 听诊器
22. 饭团
23. 戒指
24. 高跟鞋
25. 二胡
26. 溜冰鞋
27. 狮子王（恶妻）
28. 玫瑰花
29. 瘦子
30. 孙悟空（山林）
31. 冰激凌
32. 汉堡包
33. 马桶
34. 手机

35. 香烟
36. 哨子
37. 山鸡
38. 鸟屎
39. 辣椒
40. 司令
41. 死鱼
42. 撞球
43. 湿衫
44. 香蕉
45. 报纸
46. 饲料
47. 司机
48. 丝瓜
49. 咖啡
50. 酸柠檬
51. 鱼卵子
52. 吾儿
53. 舞衫
54. 武士刀
55. 海螺
56. 洗发水
57. 大炮（武器）
58. 孤儿院
59. 穷光蛋
60. 榴莲
61. 牛医
62. 牛耳
63. 硫酸
64. 螺丝刀
65. 尿壶
66. 溜溜球
67. 油漆
68. 喇叭
69. 太极
70. 麒麟
71. 弃婴
72. 企鹅
73. 旗杆
74. 骑士
75. 骑虎
76. 飞机（气流）
77. 卢沟桥
78. 青蛙（青发）
79. 气球
80. 巴黎铁塔
81. 针筒（白衣）
82. 白鹅
83. 爬山背包
84. 巴士

85. 元宝（宝物）
86. 芭蕾
87. 白旗
88. 爸爸
89. 排球
90. 酒瓶
91. 旧衣
92. 店小二
93. 求神
94. 求死
95. 酒壶
96. 酒肉朋友
97. 香港脚
98. 酒吧
99. 醉汉
100. 超人
000. 圣诞节
00. 录音带
0. 面包圈
01. 人妖
02. 脚踏车
03. 闹钟（铃声）
04. 大玉米（零食）
05. 炼乳
06. 骰子
07. 情报员
08. 篱笆
09. 菱角

后 记

人脑具有无限潜能，仅就知识储备而言，可以存储2000万册图书，但很多人终其一生，大脑开发不足5%。“超脑力高效学习法”教你如何拥有一目十行、过目不忘的本领；教你通过练习让学习、工作效率提高5～100倍；教你如何轻松节省70%的时间，让你在团体中出类拔萃，让你从无数竞争者中脱颖而出，成为同学或同事争相效仿的榜样！哪怕你没有任何基础，都没有关系。

“超脑力高效学习法”源于中国台湾，由谢华老师潜心研究、创办，课程内容有“超强记忆训练”“心智图训练”“优势脑波训练”“金牌状元营”“超脑力国际总裁班”及后续课程，在中国台湾及大陆成功教学19年，无一失败案例，每年都有超过300场的培训，学员反响热烈，最小的学员仅7岁，最大的学员达73岁，已有数百万人因这项学习技术而获得巨大改变。

一、“疯狂记忆”——现场提升记忆力3～50倍

看到什么就能记住，听到什么就能记住，最重要的是记住就不会忘记，学会“疯狂记忆”技术，记单词、记数字、记词组、记人名、记电话、记事件，再难的问题，也可轻松记忆，别人学习10个小时，你3个小时就够了。用超强记忆法学习知识太简单了。

适合 7 岁以上学生、上班族和其他有记忆需求的人群，也适用于酒店、宾馆、房产、保险等企业员工记忆客户资料之用，可以起到提升服务水平的作用。

二、“心智绘图”——揭开达·芬奇笔记的神秘面纱

对学生而言，十几分钟就能记住一篇文章，一周时间就能把课本背下来；对企业而言，可以提高员工工作效率、让战略规划更清晰，进一步增强团队协调力和沟通力，提升企业经营业绩。

目前全世界有 2.5 亿人学过这个技术，他们成为各行业出类拔萃的佼佼者。事实可以告诉你，哪怕你没有任何基础，都可以熟练掌握。

适合学生和成年人，也可以作为企业内训使用。

三、“优势脑波”——掌握大脑“α”波开关，带你走进潜意识

人的潜能是巨大的，如何激发自己的潜能，如何调整自己的身心状态，如何让自己轻松、没有压力，快速缓解紧张情绪，调整大脑含氧量，达成最大限度的成功，这个课不能不了解。其实人与人的差别并不大，关键在于你是否学对了知识，跟对了老师。“优势脑波”将带你走进大脑这个神秘的世界。

适合 7 岁以上学生和成年人，尤其适合工作压力大、情绪波动大、注意力不集中及失眠人士，对企业老板尤为适用。

四、“超脑力国际总裁班”——总裁成长课程

让你迅速增加知识与经验。或许每个人都认为自己知道的足够多，但让知识与经验得到最大限度地激发却是我们欠缺的。

不是教你去怎样卖产品，怎样做企业，而是让你学会拥有全局观，将

现有的资源在最短的时间内发挥最大效益!

高素质的成功人士，绝大多数不是因为学识与经验，或者外在物质的拥有，而是因为自身领袖素质的修炼，而领袖素质与思考力有关。

通过专家的梳理，让你重新构建现有认知体系。身心和谐、内外双修，成就完美人生！让企业经营业绩不断攀升。

适合下列人士参加：

1. 只身鏖战商海，常常力不从心，知道借力使力不费力的道理，但不知道该如何整合资源；

2. 希望基业常青，但企业长寿的秘诀是什么尚未知晓；

3. 知道学习是改变的必经之路，望着堆积如山的书籍，想想根本安排不开的时间，只好“望书兴叹”，渴望找到一种高效的学习方法，但不知路在何方；

4. 知道团队的重要，但如何沟通、如何协调，如何增强团队的凝聚力始终是自己的难解之题；

5. 也想有顶级成功者的思维，让自己的头脑可以360°旋转思考，但不知到哪里学习；

6. 总想业绩不断攀升，利润不断增加，但不知如何突破。

“超脑力国际总裁班”，是一次信念的洗礼，是一次心智模式的突破，是一次头脑的风暴，是一次别开生面的训练，是一次团队生命的震撼，是一次领导力文化的凝聚，是协作平台的和谐构建，是团队精神的深层激发，是团队工作成效的跨越式提高。

它不同于普通的培训课程，来这里的学员都不愿离开。

众多出色的经理人、企业家将与你一起探索、进步。

源自中国台湾、融入大陆文化，独树一帜的培训理念和亲身体验式的培训方式令你耳目一新……

五、“金牌状元营”——孩子一生的必修课

超脑力全国王牌课程，10 天 9 夜彻底解决学生升学考试的压力和痛苦。只要你对升学考试没有把握，就参加金牌状元营，超脑力一年的课后跟进辅导，能确保考生考上理想的高中、大学。

与一般的冬令营、夏令营不同，“金牌状元营”重点针对学生学习、考试、升学方面的压力与痛苦，制定解决方法、对症下药，保证在 10 天的集训中，全面改善学生入营前的学习问题。从学生的学习方法、思维模式、态度、心理、精神、健康、学习计划七大方面进行强效辅导，帮助学生迅速走出考试学习、生活等方面所遇到的所有困境，真正实现“快乐学习、轻松考试、理想升学”的愿景。

适合小学四年级以上、高三以下的学生参加。

作　者

2011 年 10 月